Aneta Anna Wiktorzak

Badania operacyjne i systemowe w edukacji

Aneta Anna Wiktorzak

Badania operacyjne i systemowe w edukacji

Modelowanie za pomocą sztucznych sieci neuronowych

Wydawnictwo Bezkresy Wiedzy

Impressum / Imprint
Bibliografische Information der Deutschen Nationalbibliothek: Die Deutsche Nationalbibliothek verzeichnet diese Publikation in der Deutschen Nationalbibliografie; detaillierte bibliografische Daten sind im Internet über http://dnb.d-nb.de abrufbar.

Informacja bibliograficzna Niemieckiej Biblioteki Narodowej: Niemiecka Biblioteka Narodowa rejestruje tę publikację w Niemieckiej Bibliografii Narodowej; szczegółowe informacje bibliograficzne dostępne są w Internecie na stronie http://dnb.d-nb.de.

Coverbild / Okładka: www.ingimage.com

Verlag / Wydawnictwo:
Wydawnictwo Bezkresy Wiedzy
ist ein Imprint der / jest znakiem handlowym
OmniScriptum GmbH & Co. KG
Bahnhofstraße 28, 66111 Saarbrücken, Deutschland / Niemcy
Email: info@bezkresywiedzy.com

Herstellung: siehe letzte Seite /
Druk: patrz ostatnia strona
ISBN: 978-3-639-89218-5

Badania operacyjne i systemowe w edukacji

Aneta Anna Wiktorzak

Spis treści

1. WSTĘP

Zarządzanie placówka oświatową od zawsze należało do wielkich wyzwań, przed którymi staje dyrektor szkoły chcący dobrze wypełniać swoje obowiązki, który równocześnie musi być pierwszym nauczycielem i doskonałym menadżerem. W obliczu bardzo szybko zmieniającej się rzeczywistości: informatyzacji, globalizacji itp. musi on nadążać za zmianami i dostosowywać do nich zarządzanie szkołą. Dziś kierowanie placówką oświatową nie może się ograniczać do administrowania budynkami, sprzętem itp., zarządzania zasobami materialnymi, gdyż szkoła to przede wszystkim żywy organizm złożony z nauczycieli i uczniów. To właśnie nowe spojrzenie na szkołę jako miejsce, gdzie zgromadzone są poważne zasoby niematerialne, gdzie przebiegają twórcze procesy edukacyjne, powinno stanowić istotną zmianę w jakości zarządzania placówką oświatową i jest przedmiotem niniejszej książki.

Jednym z najważniejszych elementów zarządzania szkołą jest dbałość o prawidłowy przebieg procesu edukacyjnego/dydaktycznego. Autorka książki przedstawia nowe spojrzenie na proces dydaktyczny, jako szereg powiązanych ze sobą procesów twórczych. Działania te kształtują, budują i rozwijają wiedzę, umiejętności, osobowość itp. danego ucznia, co nazywa jego kapitałem ludzkim. O jakości tych procesów decyduje również otoczenie szkoły, ale przede wszystkim nauczyciele: doświadczenie, wiedza, talent pedagogiczny, umiejętności itp., każdego nauczyciela traktowanego jako pojedyncza istota ludzka, czyli kapitał ludzki danego nauczyciela oraz ich zdolności do współpracy, wzajemne zaufanie itp., które łącznie tworzą kapitał społeczny danej szkoły. To właśnie szkoła średnia/ponadgimnazjalna jest jednym z najważniejszych etapów budowania kapitału ludzkiego ucznia i przyszłego świadomego obywatela. W szkole ma też miejsce transformacja kapitału społecznego uczniów dziś, w kapitał społeczny obywateli w przyszłości. Zaproponowane w książce nowe modele do analizy i szacowania poziomów kapitału ludzkiego oraz społecznego pozwalają przede wszystkim, na identyfikację tych niematerialnych zasobów oraz zrozumienie mechanizmów ich powstawania. Analiza systemowa, metody statystyczne oraz sztuczne sieci neuronowe są dobrymi narzędziami do szacowania tych wielkości, dobrym punktem startu do badań nad ich pomiarami.

Połączenie wiedzy z wielu dziedzin: ekonomii, dydaktyki, statystyki, informatyki itp. umożliwia poznanie zasobów niematerialnych oraz czyni badanie kapitału ludzkiego i społecznego szkoły naukowo uzasadnionym przedsięwzięciem, co z kolei stanowi wiarygodny komponent zarządzania placówką oświatową. Zamierzonym efektem książki jest zatem zastosowanie analizy systemowej oraz obliczeń inteligentnych w modelowaniu kapitału ludzkiego i społecznego.

Zasadniczym przedmiotem badań jest modelowanie i analiza kapitału ludzkiego oraz społecznego szkoły ponadgimnazjalnej z wykorzystaniem Wirtualnej Taśmy Produkcyjnej zaproponowanej przez Walukiewicza w 2006 r.[1], która jest opisana w rozdziale 4.2. i analiza wyników egzaminów zewnętrznych za pomocą metod statystycznych (rozdział 5.3.) oraz obliczeń inteligentnych - sztucznych sieci neuronowych (rozdział 6.6.), jak również analiza danych ankietowych (rozdział 7.2.).

W książce sformułowano dwie hipotezy robocze:

H1: Zastosowanie sztucznych sieci neuronowych rozwiązuje problem nieliniowości w szacowaniu poziomu kapitału ludzkiego ucznia.

H2: Wirtualna Taśma Produkcyjna jako model analizy procesu dydaktycznego oraz zastosowanie sztucznych sieci neuronowych do analizy wyników egzaminów zewnętrznych, są skutecznymi narzędziami zarządzania szkołą.

Założono, że działalność szkoły można traktować jako pewną liczbę twórczych - dydaktycznych procesów, z których dokładnie zbadano i zanalizowano dwa:

P1: Nauczanie klasycznych przedmiotów jako proces budowy/powiększania kapitału ludzkiego ucznia.

P2: Nauczanie umiejętności kluczowych/ponadprzedmiotowych jako proces wzmacniania współpracy nauczycieli, tj. proces budowy kapitału społecznego szkoły.

Inaczej mówiąc, w książce zanalizowano dwa, w pewnym sensie skrajne, procesy twórcze:

[1] Walukiewicz S.: *Trzy modele do analizy kapitału społecznego*, Badania operacyjne i systemowe 2006. Wiedza systemowa dla rozwoju regionów i przedsiębiorstw w Polsce, pod red. J. Stachowicza, A. Straszaka, S.Walukiewicza, Exit Warszawa 2006.

1) Znamy od stuleci proces nauczania klasycznych przedmiotów, takich jak język polski, matematyka, historia itp. Na ten doskonale opisany i wielokrotnie analizowany proces popatrzono z nowej perspektywy, a mianowicie jak w trakcie tego procesu jest rozwijany/budowany kapitał ludzki uczniów, jako pewnej zbiorowości np. klasy, szkoły itp. oraz danego ucznia, jako pojedynczej istoty ludzkiej (rozdział 5 i 6).
2) Stosunkowo nowy, ale coraz powszechniej w ostatnich latach analizowany proces nauczania umiejętności kluczowych/ponadprzedmiotowych. Tu zbadano, jak efektywność tego procesu zależy od współpracy nauczycieli, czyli od ich kapitału społecznego (rozdział 7).

Autorka książki zakłada, że do pełnego opisu tych dwóch procesów twórczych potrzebne są pewne miary i metody szacowania wartości/znaczenia zarówno kapitału ludzkiego, jak i społecznego. Wyprzedzając nieco rozważania, należy podkreślić, że słowo „kapitał" w powyższych definicjach użyto z pełną świadomością, taką samą jak wówczas, gdy mówiono o kapitale finansowym (pieniądze, oszczędności, długi itp.), czy kapitale materialnym (budynki, maszyny, meble itp.), których wartość mierzono w jednostkach monetarnych. W 2008r. Walukiewicz [2] wykazał, że te cztery formy kapitału, a mianowicie: kapitał finansowy, materialny, ludzki i społeczny, składają się na wartość szeroko rozumianej firmy, np. szkoły i są one rozłączne oraz niezależne. Należy podkreślić, że kapitał ludzki i społeczny są znacznie bardziej złożone niż kapitał finansowy, czy materialny, stąd szacowanie lub pomiar ich wartości jest o wiele bardziej skomplikowany. W książce przedstawiono wyniki pierwszych prac w tym zakresie.

Tak więc, wychodząc z tych założeń autorka sprowadza problem badawczy do:
- oceny dotychczasowych metod identyfikacji kapitału ludzkiego i społecznego, szczególnie w edukacji,
- opracowania podstawowych założeń do budowy modeli pomiaru kapitału ludzkiego i społecznego,
- zbadania relacji pomiędzy wynikami egzaminacyjnymi a poziomem kapitału ludzkiego danego ucznia,

[2] Walukiewicz S.: *Piękno liczby cztery (w naukach społecznych)*, WP-2-2008 IBS PAN, Warszawa,2008.

- analizy związków pomiędzy kształtowaniem umiejętności ponadprzedmiotowych a budowaniem kapitału społecznego szkoły,
- zbudowania modeli pomiaru kapitału ludzkiego i społecznego z wykorzystaniem Wirtualnej Taśmy Produkcyjnej,
- opracowania statystycznej metody szacowania poziomu kapitału ludzkiego ucznia,
- opracowania metody obliczeniowej z wykorzystaniem sztucznych sieci neuronowych do szacowania poziomu kapitału ludzkiego ucznia,
- porównania metody statystycznej z modelem sztucznej sieci neuronowej,
- określenia praktycznej przydatności wybranych metod pomiaru kapitałów/wartości niematerialnych w systemie zarządzania szkołą.

Układ treści książki podporządkowany jest zamysłowi funkcjonalnemu tematu. Najpierw (rozdział 2) scharakteryzowano polski system oświaty (stan z 2009 roku), w tym zasady egzaminów zewnętrznych przeprowadzanych na każdym stopniu edukacji przez Centralną Komisję Egzaminacyjną (CKE). Zaprezentowano nowe spojrzenie na sposób kierowania szkołą jako organizację uczącą się. Następnie w rozdziale 3 omówiono definicję kapitału ludzkiego (KL) i społecznego (KS), ze szczególnym uwzględnieniem roli tych kapitałów w edukacji. W rozdziale 4 autorka omawia model Wirtualnej Taśmy Produkcyjnej jako narzędzie do analizy systemowej obu tych kapitałów. Kolejne rozdziały 5 i 6 przedstawiają obliczenia statystyczne oraz obliczenia inteligentne wykorzystane do szacowania poziomu KL. W rozdziale 7 zaprezentowano szczegółową analizę KS szkoły i możliwości pomiaru tego kapitału. W zakończeniu autorka odpowiada na dwie sformułowane hipotezy: *H1* oraz *H2*, formułuje wnioski, rekomendacje i podsumowuje książkę.

2. SZKOŁA JAKO ORGANIZACJA UCZĄCA SIĘ

Ponieważ badanie kapitału ludzkiego i społecznego szkoły jest naukowym przedsięwzięciem, powinniśmy najpierw usystematyzować wiedzę dotyczącą systemu oświaty w Polsce oraz systemu przeprowadzanych egzaminów zewnętrznych. Ważne jest też nowe podejście do sposobu zarządzania szkołą, postrzeganą coraz częściej jako organizacja, która nie tylko uczy innych, ale jest również organizacją uczącą się. W rozdziale tym omówiono także najważniejsze akty prawne, które są podstawą działania każdej placówki oświatowej, ze szczególnym uwzględnieniem diagnostyki edukacyjnej poziomu osiągnięć uczniów szkoły ponadgimnazjalnej.

2.1. System oświaty w Polsce

System oświaty w Polsce obejmuje przedszkola, szkoły podstawowe, gimnazja, szkoły ponadgimnazjalne, policealne, artystyczne i inne. Do systemu oświaty w Polsce nie zalicza się szkolnictwa wyższego, które stanowi odrębny dział administracji państwowej i ma zagwarantowaną konstytucyjnie autonomię. W myśl zapisów Konstytucji RP każdy ma prawo do nauki. Nauka jest obowiązkowa od 7 do 18 roku życia, ale status instytucji obowiązkowych mają jedynie szkoła podstawowa i gimnazjum. Nauka w szkołach publicznych jest bezpłatna. Działalność i organizacja systemu określone są zasadniczo w Ustawie z dn. 7 września 1991 o Systemie Oświaty[3], którą dalej określono krótko jako Ustawę, na podstawie której opracowane są szczegółowe Rozporządzenia.

W roku 1999 wprowadzono nową strukturę oświaty:

Przedszkole. Do przedszkola uczęszczają dzieci od 3 do 6 roku życia. Obowiązkowa jest "zerówka" dla dzieci 6-letnich. "Zerówki" organizowane są w przedszkolach, ale również szkoły mają prawo do utworzenia takiego oddziału.

---

[3] Ustawa o Systemie Oświaty z dn. 7 września 1991 r. tekst jednolity (Dz. U. z 2004 r. Nr 256, poz. 2572, z późniejszymi zmianami)

Szkoła podstawowa. Sześcioletnia szkoła podzielona jest na dwa trzyletnie etapy. Pierwszy etap obejmuje klasy od I do III; zasadniczą część stanowi blok zajęć zwanych "kształceniem zintegrowanym" – zajęcia te prowadzone są przez jednego nauczyciela pełniącego również funkcję wychowawcy. W klasach IV-VI różnych przedmiotów uczą różni nauczyciele, z czego jeden (wychowawca) odpowiedzialny jest za swoją klasę. W klasie VI uczniowie przystępują do sprawdzianu poziomu wiedzy i umiejętności, który jest jednakowy dla wszystkich uczniów. Sprawdzian ma na celu ocenienie umiejętności czytania, pisania, rozumowania, korzystania z informacji i wykorzystywanie wiedzy w praktyce. Ma on formę ponadprzedmiotowego, pojedynczego testu, z zestawem pytań zamkniętych, jednokrotnego wyboru oraz otwartych. Oceniany jest w skali od 0 do 40 punktów. Sprawdzian jest zewnętrzny i organizowany przez Centralną Komisję Egzaminacyjną. Sprawdzian ten nie ma wpływu na ukończenie szkoły podstawowej, jak i na przyjęcie do gimnazjum.

Gimnazjum. Reforma systemu oświaty z 1999 r. wprowadziła gimnazjum. Uczniowie uczęszczający do gimnazjum to młodzież w wieku 13-16 lat. Kształcenie na tym etapie ma charakter ogólny. Nauka w gimnazjum kończy się egzaminem gimnazjalnym, który jest egzaminem państwowym i jest pisany przez uczniów klas III w kwietniu. Pierwszy egzamin gimnazjalny odbył się w Polsce w 2002 r. Egzamin gimnazjalny sprawdza opanowanie wiadomości i umiejętności nabytych podczas trzyletniej nauki w szkole. Jest on powszechny i obowiązkowy. Przystąpienie do egzaminu jest jednym z warunków ukończenia gimnazjum. Egzamin składa się z dwóch części pisemnych: humanistycznej, w której sprawdzana jest wiedza z języka polskiego, historii, wiedzy o społeczeństwie i sztuce oraz części matematyczno-przyrodniczej, w której sprawdzana jest wiedza z matematyki, fizyki i astronomii, biologii, chemii i geografii. Od roku szkolnego 2008/2009 planowane jest wprowadzenie trzeciej części językowej, w której sprawdzana będzie wiedza z wybranego języka obcego. Egzamin jest zewnętrzny, sprawdzany przez egzaminatorów powołanych przez dyrektorów Okręgowych Komisji Egzaminacyjnych. Arkusze testowe są kodowane, toteż sprawdzający nie wiedzą, czyje prace sprawdzają. Wyniki egzaminu uczniowie otrzymują w formie zaświadczenia. Za każdą część egzaminu można uzyskać do 50 punktów, łącznie maksymalnie 100. Wynik egzaminu nie ma wpływu na ukończenie gimnazjum, ale ma znaczenie przy rekrutacji do szkół ponadgimnazjalnych.

Szkołami ponadgimnazjalnymi w Polsce określa się szkoły, które uczeń rozpoczyna po skończeniu gimnazjum. Jest kilka rodzajów szkół ponadgimnazjalnych: liceum ogólnokształcące (LO), liceum profilowane (LP), technikum (T), zasadnicza szkoła zawodowa (ZSZ). Dla absolwentów ZSZ dostępne są następujące szkoły: liceum uzupełniające, technikum uzupełniające. Dla absolwentów liceów profilowanych i ogólnokształcących oraz techników dostępna jest szkoła policealna. Absolwenci szkół ponadgimnazjalnych, którzy zdali egzamin maturalny, mają prawo do ubiegania się o przyjęcie do szkoły wyższej.

Egzamin maturalny jest również egzaminem państwowym, przeprowadzanym w Polsce od 2005 roku wśród absolwentów szkół średnich. Egzamin ten zastąpił dotychczasowy egzamin dojrzałości (tzw. „starą maturę"). Założeniem tej „nowej matury" jest zastąpienie egzaminów wstępnych na uczelnie wyższe. Egzamin zdaje się z przedmiotów obowiązkowych: języka polskiego, wybranego języka obcego i jednego z wybranego przedmiotu. Od 2010 roku obowiązkowo wprowadza się matematykę, a także przedmioty dodatkowe, nie więcej niż trzy. Wszystkie egzaminy przeprowadzane są w formie pisemnej, a język polski, języki mniejszości narodowych oraz języki obce nowożytne dodatkowo ustnie. Aby zdać maturę, z przedmiotów obowiązkowych należy uzyskać co najmniej 30% punktów. Egzamin pisemny z każdego przedmiotu można zdawać na poziomie podstawowym lub rozszerzonym – zdający może wybrać poziom jedynie dla części obowiązkowej, natomiast w części dodatkowej zobligowany jest do zdawania poziomu rozszerzonego. Zestawy pytań są identyczne w całej Polsce. Arkusze po napisaniu są kodowane i sprawdzane przez egzaminatorów zewnętrznych według jednolitego klucza odpowiedzi i schematu punktowania.

2.2. Kierowanie placówką oświatową

Wprowadzana od 1 września 1999 r. generalna reforma polskiego systemu edukacyjnego wymaga dokonywania we wszystkich placówkach oświatowych istotnych zmian programowych, organizacyjnych i metodycznych, których pozytywny przebieg jest warunkowany m.in. strategią i stylem kierowania. Stały postęp społeczny, gospodarczy, naukowy i kulturalny oraz wzrastające oczekiwania społeczne wobec współczesnej szkoły rodzą konieczność stosowania koncepcji kierowania transformacyjnego, polegającego na kreowaniu i wprowadzaniu zmian w warunkach nieustannego, ciągłego, wspólnego doskonalenia się nauczycieli i innych pracowników w tak samodoskonalącej się szkole[4]. **Szkoła jako organizacja ucząca się to szkoła mająca wspólną wizję, ideologię i normy, radząca sobie ze zmianami, traktująca je jako proces uczenia się przez samoorganizację.** Pojęcie samoorganizacji odgrywa zasadniczą rolę w definicji Wirtualnej Taśmy Produkcyjnej (WTP), którą omówiono w punkcie 4.2. Szkoła taka jest zdolna do organizowania procesu doskonalenia, do mobilizacji wewnętrznej wiedzy i umiejętności takiej pracy. Inna nazwa szkoły jako organizacji uczącej się to „szkoła organiczna". Wykorzystuje ona ewaluację, czyli samoocenę jako istotny element strategii uczenia się na różnych poziomach[5].

Do obowiązków dyrektora szkoły należy tworzenie sprzyjających warunków kadrowych, psychospołecznych, finansowych i materialnych dla przeprowadzanej takiej reformy. Za największą przeszkodę we wprowadzaniu niezbędnych zmian uważa się obojętność lub nawet czynny opór pracowników wobec działalności reformatorskiej. Skuteczne kierowanie zmianą w szkole polega nie na narzucaniu przez dyrektora swojej woli i zwalczaniu przeciwników zmian, ale na pomniejszaniu oporów i pozyskiwaniu zwolenników innowacji poprzez dialog, dyskusję i negocjacje oraz wspólne decydowanie o wprowadzanych, społecznie korzystnych nowościach[6].

Innowacyjność i podejście poszukująco-badawcze jest konstytutywną cechą nowoczesnej szkoły. Podstawą innowacji pedagogicznych i kierowniczych jest zarówno teoria pedagogiczna oraz teoretyczne osiągnięcia nauk zarządzania, jak i doświadczenie wybitnych nauczycieli oraz praktyków zarządzania edukacją. W okresie dokonywania zmian o charakterze strukturalnym, programowym i metodycznym szczególnie ceniona jest u dyrektorów szkół umiejętność twórczego kierowania. Działanie twórcze wyraża się taką aktywnością, która przynosi nowe wytwory (rozwiązania, strategie, metody) dotąd

[4] Oldroyd D.: *Szkoła jako organizacja ucząca się*. „Nowe w Szkole" („Kierowanie Szkołą") nr 2/97-98 s. 2

[5] Cyt. za: Potulicka E.: *Ewaluacja dla rozwoju szkoły*, [w:] *Szkoła w nauce i praktyce edukacyjnej*, T. 1 pod red. B. Muchackiej, Kraków 2006, s. 205.

[6] Pietrasiński Z.: *Twórcze kierownictwo*. Warszawa 1975 s. 11

nieznane, a jednocześnie społecznie akceptowane. Wymaga to takich świadomych działań jak: porównywanie, analizowanie, synteza, abstrahowanie i uogólnianie. Według Pietrasińskiego twórcze kierownictwo to takie kierowanie działalnością zespołową, które wydatnie sprzyja postępowi w danej dziedzinie działalności oraz rozwojowi podwładnych[7]. Kreatywny dyrektor jest zarówno animatorem i organizatorem twórczości nauczycielskiej, jak i twórcą własnego systemu kierowania zespołem pedagogicznym.

Wielu badaczy twierdzi, że najlepszą strategię poprawy jakości kształcenia jest tworzenie organizacji uczącej się lub inaczej „szkoły organicznej", która przede wszystkim uwzględnia kreatywność nauczycieli. Dla ich tworzenia konieczna jest strategia oddolna, ponieważ rozwiązanie musi być dopasowane do każdej szkoły oraz musi pozyskać największe możliwe wsparcie kadry. **W szkołach jako organizacjach uczących się uczą się nie tylko ludzie, ale i organizacje[8].**

W instytucjach edukacyjnych powinno zwracać się szczególną uwagę na proces ustawicznego kształcenia się pracowników, stwarzając im możliwości rozwoju. Szkoła posiada cechy organizacji inteligentnej promującej takie zasadnicze wartości jak: wiedza, kompetencje, wspólnota uczących się partnerów, kreatywność, innowacyjność itp. Rozwijając wymienione składowe, można przyjąć, że istotą organizacji inteligentnej są elementy przedstawione na rys.1.

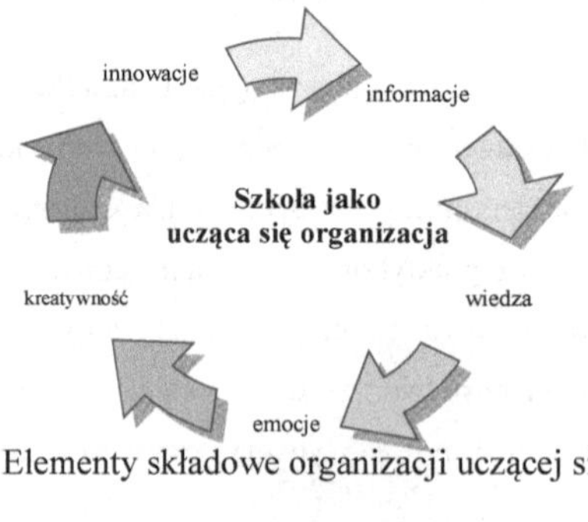

Rys. 1. Elementy składowe organizacji uczącej się [9]

---

[7] Pietrasiński Z.: *Myślenie twórcze.* Warszawa 1969 s. 9-11, 33, 40

[8] Potulicka E.: *Kadra w szkole jako organizacji uczącej się*, „Nowa Szkoła" 2006 nr 8, s. 19

[9] Denek K.: *Inwestowanie w kształcenie. Edukacja jutra* (VII Tatrzańskie Seminarium Naukowe), Częstochowa 2001 s. 45

W modelu tym szkołę traktuje się jako strukturę elastyczną, uczącą się organizację, ze szczególnym zwróceniem uwagi na wiedzę i zatrudnianie wysoko kwalifikowanych oraz dobrze motywowanych do pracy nauczycieli, takich, którzy chcą i mimo różnych trudności, rozwijają się zawodowo. W traktowaniu szkoły jako organizacji uczącej się zakłada się, że ma miejsce: zbiorowa refleksja zespołów, współdziałanie w procesie kształcenia, łączność ze społecznością lokalną, wyrównywanie szans edukacyjnych, kształcenie ustawiczne, itp.[10].

Wychodząc naprzeciw tym nowym trendom dyrektor szkoły powinien rozumieć, że pracownicy i uczniowie są najważniejsi dla działania szkoły, a efektywne kierowanie nimi jest podstawą jej sukcesu. Dyrektor inwestuje wówczas w kapitał ludzki nauczycieli i kapitał społeczny szkoły, dzięki czemu osiąga większą sprawność technicznoorganizacyjną szkoły, lepszą organizację pracy i silniejszą motywację swoich pracowników. Rozumie on, że wiedza wszystkich nauczycieli oraz zależność między nimi i placówką, są o wiele ważniejszym majątkiem, mającym większy wpływ na ostateczny wynik, na jej wzrost i rozwój, niż klasyczne materialne aktywa, takie jak: budynki, wyposażenie, zawartość kont bankowych itp. Autorka książki pokazuje, jak tę ideę można zrealizować, wykorzystując model Wirtualnej Taśmy Produkcyjnej oraz sztuczne sieci neuronowe (hipoteza *H1*oraz *H2*).

2.3. Uwarunkowania prawne działania szkoły

Dyrektor szkoły zobowiązany jest do organizowania procesu kształcenia zgodnie z przepisami prawa[11]. Jednym z priorytetowych zadań dyrektora jest ciągłe podnoszenie jakości pracy szkoły. Z chwilą wprowadzenia do systemu edukacji egzaminów zewnętrznych, w świetle prawa nałożono na dyrektora szkoły szereg nowych obowiązków. Jednych z nich jest badanie osiągnięć edukacyjnych ucznia z wykorzystaniem analizy wyników egzaminów zewnętrznych. W celu monitorowania postępów kształcenia w szkole można m.in. przeprowadzić diagnozę wstępną i sumującą osiągnięć edukacyjnych danego

---

[10] ibidem

[11] Ustawa o Systemie Oświaty z dn. 7 września 1991 r. tekst jednolity (Dz. U. z 2004 r. Nr 256, poz. 2572, z późniejszymi zmianami).

ucznia na rozważanym szczeblu systemu oświaty. Przytoczone poniżej akty prawne regulują sposoby i metody przeprowadzania tych badań, a tym samym regulują działalność dydaktyczną szkoły.

Rozporządzenie Ministra Edukacji Narodowej z dnia 15 grudnia 2006 r. w sprawie szczegółowych zasad sprawowania nadzoru pedagogicznego, wykazu stanowisk wymagających kwalifikacji pedagogicznych, kwalifikacji niezbędnych do sprawowania nadzoru pedagogicznego, a także kwalifikacji osób, którym można zlecać prowadzenie badań i opracowywanie ekspertyz[12]. Rozporządzenie to mówi między innymi, że nadzór pedagogiczny jest realizowany przez wykonywanie zadań i czynności określonych w art. 33 Ustawy, w szczególności przez działalność diagnostyczno - oceniającą i wspomagającą, w procesie planowej i systematycznej współpracy organów sprawujących nadzór pedagogiczny, organów prowadzących szkoły i placówki, współpracy dyrektorów szkół i placówek oraz nauczycieli.

Działalność diagnostyczno - oceniająca obejmuje w szczególności:

1) Systematyczne kontrolowanie przestrzegania przepisów prawa dotyczących działalności dydaktycznej, wychowawczej i opiekuńczej oraz innej działalności statutowej szkół i placówek.
2) Diagnozowanie działalności dydaktycznej, wychowawczej i opiekuńczej szkół i placówek.
3) Ocenianie działalności dydaktycznej, wychowawczej i opiekuńczej szkół i placówek, w całości lub w wybranych zakresach, w szczególności określonych w art. 33 ust. 2 Ustawy.
4) Gromadzenie informacji o pracy nadzorowanych nauczycieli i dyrektorów szkół i placówek, niezbędnych do dokonywania oceny ich pracy.

---

[12] Rozporządzenie Ministra Edukacji Narodowej z dnia 15 grudnia 2006 r. w sprawie szczegółowych zasad sprawowania nadzoru pedagogicznego,(...) kwalifikacji osób, którym można zlecać prowadzenie badań i opracowywanie ekspertyz (Dz.U. Nr 235 z 2006r., poz. 1703)

Formami działalności diagnostyczno - oceniającej są: hospitacje, wizytacje oraz badania wybranych zakresów działalności dydaktycznej, wychowawczej i opiekuńczej oraz badania innej działalności statutowej szkół i placówek.

Upowszechnianie i wdrażanie rozwiązań służących skutecznej realizacji zadań szkół i placówek, możliwe jest przez promowanie dobrych praktyk oraz inspirowanie lub organizowanie współpracy między nauczycielami, szkołami, placówkami, nauczycielami akademickimi, szkołami wyższymi, jednostkami samorządu terytorialnego, organami prowadzącymi szkoły i placówki, Centralną Komisją Egzaminacyjną i okręgowymi komisjami egzaminacyjnymi oraz stowarzyszeniami i organizacjami, o których mowa w art. 56 ust. 1 Ustawy.

Dyrektor szkoły lub placówki opracowuje na każdy rok szkolny plan nadzoru pedagogicznego. Plan nadzoru zawiera m.in.. zakres, szczegółową tematykę i organizację planowanych badań wynikających z działalności diagnostyczno–oceniającej. Przed zakończeniem każdego roku szkolnego dyrektor szkoły lub placówki przedstawia radzie pedagogicznej i radzie rodziców informację o realizacji planu nadzoru. Informacja ta zawiera: zakres wykonania planu, wnioski ze sprawowania nadzoru pedagogicznego, a w szczególności: *„...wnioski z analizy poziomu osiągnięć edukacyjnych uczniów i wychowanków z uwzględnieniem ich możliwości rozwojowych, wymagań edukacyjnych wynikających z podstaw programowych oraz wyników sprawdzianu i egzaminów..."*[13], ocenę sytuacji wychowawczej oraz stanu opieki nad uczniami i wychowankami; podjęte działania wynikające z wniosków ze sprawowania nadzoru pedagogicznego wraz z informacją o ich skutkach.

Podsumowując treść rozporządzenia, dyrektor szkoły ma obowiązek planowania i przeprowadzania badań oraz dokonywanie analiz osiągnięć edukacyjnych uczniów z uwzględnieniem m.in. wyników egzaminów zewnętrznych. Odpowiedzialny jest za zorganizowanie tych badań, poprzez opracowanie planu działań, wyznaczenie osób odpowiedzialnych za ich przeprowadzenie oraz za komunikowanie wniosków z przeprowadzonych diagnoz i analiz radzie pedagogicznej, radzie rodziców oraz nadzorowi

---

[13] Rozporządzenie Ministra Edukacji Narodowej z dnia 15 grudnia 2006 r. ...paragraf §7 p.4.2)a) (Dz.U. Nr 235 z 2006r., poz. 1703)

pedagogicznemu. W planach pracy na kolejne lata dyrektor szkoły powinien uwzględniać wnioski z przeprowadzonych wcześniej badań.

Rozporządzenie Ministra Edukacji Narodowej z dnia 10 sierpnia 2001 r. oraz późniejsze zmiany (ostatnie z 28 sierpnia 2007r.) w sprawie standardów wymagań będących podstawą przeprowadzania sprawdzianów i egzaminów[14] określa m.in. standardy wymagań będące podstawą przeprowadzania:

1) sprawdzianu w ostatnim roku nauki w szkole podstawowej, o którym mowa w art. 9 ust. 1 pkt. 1 Ustawy z dnia 7 września 1991 r. o systemie oświaty, zwanej dalej "Ustawą", stanowiące załącznik nr 1 do Rozporządzenia,
2) egzaminu w ostatnim roku nauki w gimnazjum, o którym mowa w art. 9 ust. 1 pkt. 2 Ustawy, stanowiące załącznik nr 2 do Rozporządzenia.
3) egzaminu maturalnego, o którym mowa w art. 9 ust. 1 pkt. 3 Ustawy, stanowiące załącznik nr 3 do Rozporządzenia.

W analizach wyników egzaminów zewnętrznych często uwzględnia się badania dotyczące stopnia opanowania wiadomości i umiejętności zapisanych w standardach egzaminacyjnych. W wypadku szkół ponadgimnazjalnych w Rozporządzeniu znaleźć można treść standardów egzaminacyjnych z podziałem na poziom podstawowy i rozszerzony. Zadania egzaminacyjne umożliwiają sprawdzenie opanowania przez uczniów konkretnych wiadomości i umiejętności zawartych w tych standardach. Również istotne jest znaczenie standardów w komunikowaniu wyników egzaminacyjnych, a w szczególności przy ocenie prac uczniów oraz w raportach przygotowywanych przez Centralną Komisję Egzaminacyjną oraz okręgowe komisje egzaminacyjne. W raportach można znaleźć porównanie wyników szkół z wynikami w regionie lub w kraju, co stanowi ważny punkt odniesienia w ocenie pracy szkoły.

Rozporządzenie Ministra Edukacji Narodowej i Sportu z dnia 26 lutego 2002r. oraz późniejsze zmiany (ostatnie 23 sierpnia 2007r.) w sprawie podstawy programowej wychowania przedszkolnego oraz kształcenia ogólnego w poszczególnych typach szkół, określa m.in. podstawę programową dla wychowania przedszkolnego dla przedszkoli i

[14] Rozporządzenie Ministra Edukacji Narodowej z dnia 10 sierpnia 2001 r. w sprawie standardów wymagań będących podstawą przeprowadzania sprawdzianów i egzaminów (DZ.U. Nr 92 z 2001r., z póź. zm.)

oddziałów przedszkolnych w szkołach podstawowych, kształcenia ogólnego dla: szkół podstawowych i gimnazjów, liceów ogólnokształcących, liceów profilowanych i techników, zasadniczych szkół zawodowych, szkół ponadpodstawowych[15].

Rozporządzenie w sposób bezpośredni nie dotyczy analizy wyników egzaminów zewnętrznych, ale musimy pamiętać, że standardy egzaminacyjne opierają się na podstawie programowej. W związku z tym diagnozując osiągnięcia uczniów na wejściu i wyjściu (patrz rozdział 4) nie należy zapominać, że wyniki egzaminów zewnętrznych odzwierciedlają w pewien sposób poziom opanowania umiejętności i wiadomości, które zawarte są w podstawie programowej. W naszym przypadku dotyczy to w szczególności Załącznika nr 4 do Rozporządzenia określający podstawę programową dla liceów ogólnokształcących, profilowanych i techników w zakresie podstawowym i rozszerzonym.

Rozporządzenie Ministra Edukacji Narodowej z dnia 30 kwietnia 2007r. oraz późniejsze zmiany (ostatnie z 27 stycznia 2008r.) w sprawie warunków i sposobu oceniania, klasyfikowania i promowania uczniów i słuchaczy oraz przeprowadzania sprawdzianów i egzaminów w szkołach publicznych[16] reguluje m.in. warunki i sposób oceniania, klasyfikowania i promowania uczniów i słuchaczy oraz przeprowadzania sprawdzianów i egzaminów w publicznych szkołach podstawowych, gimnazjach, szkołach ponadgimnazjalnych i dotychczasowych szkołach ponadpodstawowych dla dzieci i młodzieży w tym szkołach specjalnych, oraz w szkołach dla dorosłych.

Rozporządzenie w sposób bardzo szczegółowy reguluje sprawy związane z ocenianiem wewnątrzszkolnym i zewnętrznym. Przy analizie wyników egzaminów zewnętrznych ważny jest zapis Rozporządzenia, który mówi, że za każdą część egzaminu gimnazjalnego uczeń otrzymuje od 0 do 50 pkt. (część humanistyczna max 50 pkt. , część matematyczno–przyrodnicza max 50 pkt., w sumie max 100 pkt.). Wyniki egzaminu gimnazjalnego nie mają wpływu na ukończenie szkoły i nie są komunikowane w formie świadectwa. Natomiast wyniki z egzaminu maturalnego wyrażone są w skali od 0 % do

---

[15] Rozporządzenie Ministra Edukacji Narodowej i Sportu z dnia 26 lutego 2002r. w sprawie podstawy programowej (...) oraz kształcenia ogólnego ... (Dz.U. Nr 51 z 2002r., z póź. zm.)

[16] Rozporządzenie Ministra Edukacji Narodowej z dnia 30 kwietnia 2007r. oraz późniejsze zmiany w sprawie warunków i sposobu oceniania, klasyfikowania i promowania uczniów i słuchaczy oraz przeprowadzania sprawdzianów i egzaminów w szkołach publicznych (Dz.U. Nr 83, poz.562 z 2007r., z póź. zm.)

100% możliwych do uzyskania punktów z każdego przedmiotu. Zdający zdał egzamin maturalny, jeżeli z każdego przedmiotu obowiązkowego uzyskał, co najmniej 30% punktów możliwych do uzyskania. Wyniki egzaminu komunikowane są w postaci świadectwa dojrzałości ze wskazaniem na poziom zdawanych przedmiotów. Wyniki uzyskane przez uczniów z przedmiotów dodatkowych nie mają wpływu na zdanie egzaminu dojrzałości, ale również są odnotowane na świadectwie.

Rozporządzenie Ministra Edukacji Narodowej i Sportu z dnia 5 lutego 2004r. w sprawie dopuszczania do użytku szkolnego programów wychowania przedszkolnego, programów nauczania i podręczników oraz cofania dopuszczenia[17].

Program nauczania ogólnego zawiera:

1) szczegółowe cele edukacyjne - kształcenia i wychowania;
2) materiał nauczania związany ze szczegółowymi celami edukacyjnymi, uwzględniający treści nauczania określone w podstawie programowej kształcenia ogólnego;
3) procedury osiągania szczegółowych celów edukacyjnych;
4) opis założonych osiągnięć ucznia i propozycje metod ich oceny, z uwzględnieniem standardów wymagań będących podstawą przeprowadzania sprawdzianów i egzaminów, określonych w odrębnych przepisach;
5) omówienie założeń dydaktycznych i wychowawczych, na jakich została oparta koncepcja programu, relacji do zakresu podstawy programowej kształcenia ogólnego, a także ewentualnych specjalnych warunków dotyczących realizacji programu.

Również i w tym Rozporządzeniu można znaleźć związki z celowością przeprowadzania analizy wyników egzaminów zewnętrznych. Wyniki egzaminów zewnętrznych są nierozłączne z realizowanym przez nauczyciela programem nauczania z danego przedmiotu. To przecież w programach nauczania zapisane są osiągnięcia uczniów oraz metody nauczania i sposoby oceniania, z uwzględnieniem standardów wymagań egzaminacyjnych. W przypadku egzaminu gimnazjalnego ważne jest również korelacja

[17] Rozporządzenie Ministra Edukacji Narodowej i Sportu z dnia 5 lutego 2004 r. w sprawie dopuszczania do użytku szkolnego programów wychowania przedszkolnego, programów nauczania i podręczników oraz cofania dopuszczenia (Dz.U. Nr 25, poz.220 z 2004r.)

międzyprzedmiotowa, a tym samym korelacja między poszczególnymi programami nauczania (patrz rys.2).

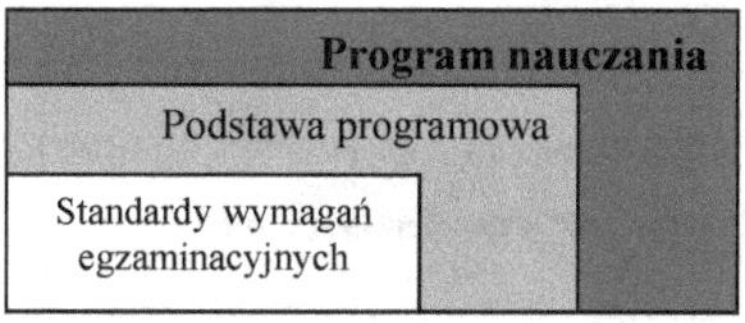

Rys.2. Schemat powiązań pomiędzy standardami, podstawą i programem nauczania[18]

W następnym podrozdziale omawiana jest rola diagnostyki edukacyjnej w procesie dydaktycznym. Jest ona ściśle związana z pomiarem osiągnięć edukacyjnych ucznia, a tym samym z szacowaniem poziomu jego kapitału ludzkiego.

2.4. Diagnostyka edukacyjna

Diagnostyka edukacyjna wyłoniła się w świecie w połowie lat 70 ubiegłego wieku (Ingenkamp 1975; Bloom 1976) i w Polsce 10 lat później (Janowski 1985; Niemierko 1994) jako rezultat procesu humanizacji szkoły. Jako teoria naukowa, diagnostyka edukacyjna zajmuje się opisem i wyjaśnianiem sposobów rozpoznawania sytuacji emocjonalnej i poznawczej ucznia, w tym zmian, jakie w nim zachodzą pod wpływem procesu edukacyjnego. Jako dyscyplina stosowana rejestruje ona stan i wyjaśnia kontekst osiągnięć uczniów. W praktyce diagnostyka edukacyjna najczęściej służy rozpoznawaniu jakości procesu kształcenia i wychowania.

Z punktu widzenia diagnostyki edukacyjnej zwrócono jeszcze raz uwagę na zaznaczone przez autorkę dwa procesy twórcze *P1* - nauczanie klasycznych przedmiotów jako proces budowy kapitału ludzkiego ucznia i *P2* - nauczanie umiejętności kluczowych jako proces budowy/wzmacniania kapitału społecznego. Procesy te obrazują zmiany, jakie

[18] Lipska M.: *Projektowanie programu placówki oświatowej*; materiały ze szkolenia kursu KK2, Łomża 2008

zachodzą w pojedynczej osobie (uczniu), jak i w całej zbiorowości szkolnej w wyniku kształcenia i wychowania. Jest to spojrzenie nowe, ale jakże bliskie zadaniom, jakie stawiają sobie wszyscy diagnostycy edukacyjni. **Z pełną świadomością i odpowiedzialnością stwierdzono, że badania zmian zachodzących w poziomie kapitału ludzkiego i kapitału społecznego, są elementami diagnostyki i wszelkich działań związanych z poprawą jakości procesu kształcenia.**

Ewaluacja efektywności wszelkich działań związanych z budowaniem jakości tego procesu, polegająca na rozpoznawaniu jego przebiegu, wyników i uwarunkowań, powinna obejmować znaczące sytuacje wynikające m.in. z warunków uczenia się, stosowania programów i metod nauczania czy kształtowania wymagań, uwzględniając szeroki kontekst psychologiczny, społeczny i pedagogiczny oddziaływań szkoły. Diagnoza pedagogiczna nie ogranicza się bowiem tylko do sprawdzania i oceniania stanu osiągnięć uczniów, lecz obejmuje także wyjaśnianie przyczyn (genezy) tego stanu i przewidywanie (prognozę) rozwoju ich osiągnięć. Niemierko proponuje planowanie diagnozy edukacyjnej z uwzględnieniem modelu uczenia sięBlooma (patrz rys.3).

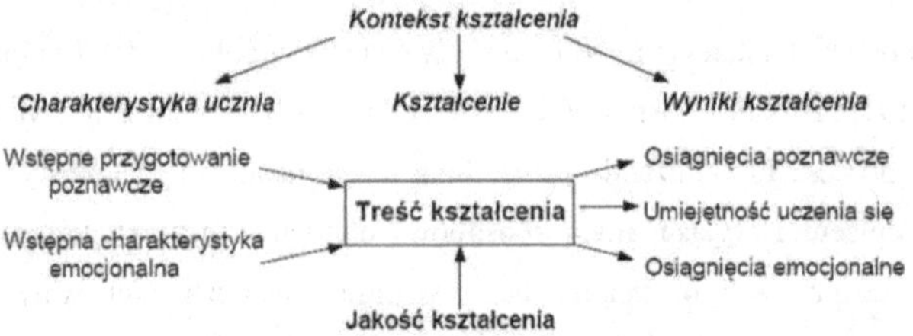

Rys 3. Model kształcenia jako podstawa diagnostyki edukacyjnej[19]

Diagnostykę edukacyjną prowadzi się z wykorzystaniem metod ilościowych i jakościowych, np. metody pomiaru dydaktycznego. Celem diagnostyki edukacyjnej jest rozpoznawanie uwarunkowań procesu kształcenia w skali indywidualnej, szkolnej, regionalnej, krajowej, a nawet międzynarodowej. Celem badaczy edukacyjnych jest zarówno poznawanie zależności między kontekstem, stanem początkowym i działaniami a wynikami kształcenia w różnych systemach dydaktycznych, czy poznawanie wpływu

[19] Niemierko B.: *Ocenianie szkolne bez tajemnic*, Warszawa 2002, WSiP, s. 72.

postaw uczestników procesów pedagogicznych na przebieg tych procesów, jak i podnoszenie trafności oceniania szkolnego poprzez dostarczanie uczniom i nauczycielom informacji wyjaśniającej przebieg i wyniki procesu kształcenia[20].

Podsumowując, można powiedzieć, że diagnostyka edukacyjna jest rozpoznaniem przebiegu uczenia się ze szczególnym uwzględnieniem jego kontekstu, to jest ogółu czynników nie poddających się lub mało podatnych na oddziaływanie pedagogiczne[21]. Czynniki te według Niemierko podzielono na cztery grupy składników systemu dydaktycznego (patrz rys.4): na wejściu, w działaniu, na wyjściu i w kontekście:

1. **Wejścia systemu**, tj. uzdolnienia, zainteresowania, aspiracje, wiadomości i umiejętności młodzieży oraz ich nauczycieli, a także właściwości wcześniejszych systemów dydaktycznych, jakie poznali uczniowie.
2. **Działania systemowe**, tj. te czynności uczniów, nauczycieli i administracji szkolnej, które zmierzają do osiągnięcia celów kształcenia.
3. **Wyjścia systemu**, tj. wiadomości, umiejętności, postawy wobec uczenia się, wartości i cechy osobowości uczniów oraz osiągnięcia metodyczno - organizacyjne nauczycieli i szkół, w tym także nowe kompetencje nauczycieli.
4. **Kontekst systemu**, tj. okoliczności, które nie podlegają zmianie w toku działań, jak stałe urządzenia szkoły, sieć szkolnictwa i jego struktura administracyjna, sposób finansowania i pozycja społeczna edukacji, przekonania rodziców i pracodawców, rynek pracy itp.[22].

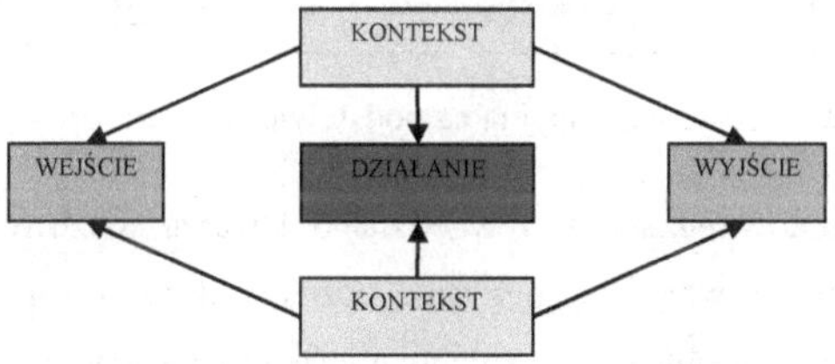

Rys. 4. Składniki sytemu dydaktycznego (według Niemierko)

---

[20] Lisiecka Z.: *Egzamin*, Biuletyn Badawczy 1/2004, Słowniczek badacza edukacyjnego, CKE Warszawa 2004

[21] Niemierko B.: *Diagnostyka edukacyjna*, Teoria i praktyka. Z okazji dziesiątej konferencji, Kraków 2004, str.11

[22] ibidem

Tak pojęta diagnostyka edukacyjna ma dwa główne cele praktyczne:

1. Dostarczanie uczniom i nauczycielom informacji wyjaśniającej przebieg i wyniki procesu uczenia się.
2. Podnoszenie trafności i skuteczności oceniania szkolnego.

Cele naukowe diagnostyki edukacyjnej stanowią natomiast:

1. Poznawanie zależności między kontekstem, wejściami i działaniami, a warunkami kształcenia w różnych systemach dydaktycznych (Proces *P1* oraz *P2*).
2. Poznawanie wpływu postaw uczestników procesów pedagogicznych wobec tych procesów na przebieg procesów (Proces *P1*oraz *P2*).

Każda szkoła ma swoje indywidualne potrzeby, dlatego to przede wszystkim dyrektor, jako główny menedżer i organizator procesu kształcenia, powinien wyznaczać obszary pracy diagnostycznej. Jednym z takich obszarów jest badanie osiągnięć edukacyjnych uczniów na podstawie wyników uzyskiwanych przez uczniów na egzaminach zewnętrznych (patrz rys.5).

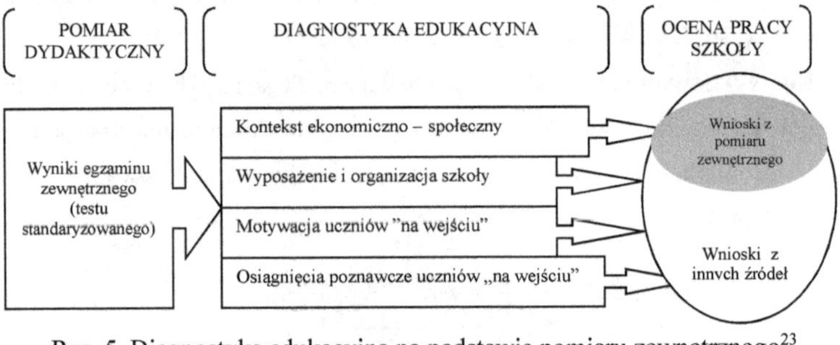

Rys. 5. Diagnostyka edukacyjna na podstawie pomiaru zewnętrznego[23]

Analiza wyników egzaminu zewnętrznego stwarza możliwość sformułowania hipotez dotyczących zarówno przygotowania uczniów danej szkoły na danym etapie kształcenia, do osiągnięcia sukcesu na kolejnym egzaminie zewnętrznym, jak i na ocenie oraz scharakteryzowaniu przyjętych przez nauczycieli metod kształcenia, a także daje materiał do oceny pracy szkoły.

---

[23] Lipska M.: *Projektowanie programu placówki oświatowej*; materiały ze szkolenia kursu KK2, Łomża 2008

Ocenianie zewnętrzne, choć znane teraz już dobrze nauczycielom i uczniom, narzuca pewne ograniczenia, zarówno co do zakresu informacji, jakie przynosi, jak i co do możliwości ich wykorzystania w praktyce szkolnej. Jest to ocena dydaktyczna o dużej rzetelności i obiektywizmie. Stała się ona bogatym źródłem wiedzy o wynikach pojedynczych uczniów i klas na tle wyników szerszej populacji. Z tego powodu ważnym zadaniem stojącym przed radami pedagogicznymi jest wnikliwa analiza wyników egzaminów zewnętrznych i umiejętne, uprawnione wnioskowanie na ich podstawie na temat stanu obecnego oraz działań przyszłościowych szkoły. Prawdą zdaje się być jednak i to, że zarówno niedocenianie informacji zawartej w wynikach oceny zewnętrznej, jak i jej przecenianie i niewłaściwe interpretowanie, są równie niepożądane i zamiast pomagać, mogą szkodzić. Dlatego bardzo istotne jest to, w jaki sposób wspomniana analiza będzie dokonywana.

Pojęcie diagnostyki edukacyjnej wykorzystane będzie w dalszej części książki przy omawianiu Edukacyjnej Wartości Dodanej (EWD) (rozdział 5.2.) i później w prezentowaniu metody szacowania poziomu kapitału ludzkiego ucznia (rozdział 5.3 oraz rozdział 6.7.). Badania diagnostyczne są etapowe (patrz rys.6), ale dla nas najważniejsze będą badania osiągnięć uczniów pomiędzy poziomem gimnazjalnym i maturalnym.

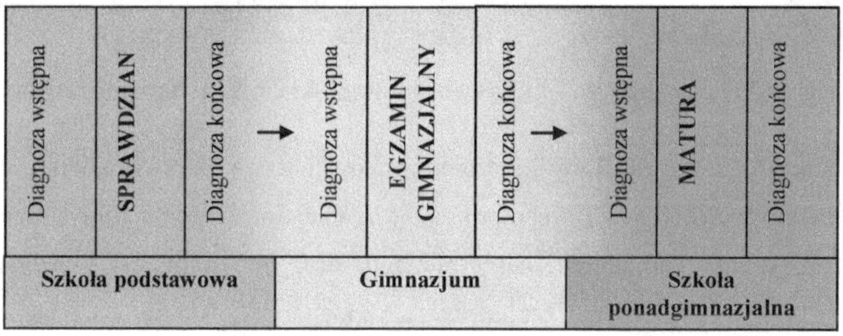

Rys. 6. Diagnostyczna funkcja egzaminów zewnętrznych w kolejnych szczeblach edukacji

Po omówieniu najważniejszych kwestii związanych z działalnością szkoły, podstawami prawnymi i potrzebą diagnostyki edukacyjnej, następuje przejście do zaprezentowania genezy powstania i definicji pojęć kapitału ludzkiego i kapitału społecznego.

3. KAPITAŁ LUDZKI I KAPITAŁ SPOŁECZNY

Pojęcia, które rozważa się w tym rozdziale są powszechnie uważane za bardzo złożone. Do dziś nie istnieje jedna powszechnie przyjęta definicja zarówno kapitału ludzkiego, jak i kapitału społecznego. Dlatego zdefiniowanie kapitału ludzkiego i społecznego zaczęto od klasycznego podziału kapitału organizacji na cztery podstawowe formy: kapitał finansowy, materialny, ludzki i społeczny. Poniższy schemat przedstawia najpierw podział kapitału na składniki/kapitały materialne i niematerialne rozważanej organizacji, a następnie ich podział na kapitał finansowy, kapitał materialny, kapitał ludzki i kapitał społeczny (patrz rys.7).

Rys.7. Podział kapitału firmy/organizacji na składniki materialne i niematerialne[24]

Wartość rynkową firmy czy organizacji stanowią dobra/składniki materialne: kapitał finansowy (krótko - i długoterminowe źródła finansowania firmy, oszczędności, kredyty, akcje, itd.), kapitał materialny (budynki, maszyny, komputery, oprogramowanie, itd.) oraz dobra niematerialne: kapitał ludzki (umiejętność, wiedza, kompetencje, itd.) i kapitał społeczny (formalne i nieformalne relacje pomiędzy pracownikami, kultura organizacyjna, itd.).

W wielu publikacjach zasoby niematerialne są wymieniane jako najważniejszy, brakujący składnik bilansów finansowych przedsiębiorstw[25], a w innych te wartości są

---

[24] Walukiewicz S.: *Trzy modele do analizy kapitału społecznego*, Badania operacyjne i systemowe 2006. Wiedza systemowa dla rozwoju regionów i przedsiębiorstw w Polsce, Exit Warszawa 2006, s. 26-28.
[25] ibidem

często pomijane ze względu na duże trudności związane z szacowaniem ich istotności, czy ich wpływu na wartość rynkową organizacji. Marginalizowanie tego składnika doprowadziło do ogromnych różnic w wartościach wyceny rachunkowej i rynkowej firm. Umiejętność gospodarowania zasobami niematerialnymi staje się dziś, w obliczu zmienności otoczenia i rozwoju społeczeństwa informacyjnego, warunkiem koniecznym dla każdej organizacji, chcącej przetrwać i konkurować na rynku. Kluczową kompetencją nie tylko przedsiębiorstw, ale i innych organizacji w tym obszarze staje się efektywne zarządzanie kapitałem ludzkim i społecznym oraz sprzyjanie ich rozwojowi. W literaturze przedmiotu mówiło się dotychczas o zarządzaniu tymi zasobami w odniesieniu do podmiotów gospodarczych (patrz np. Cohen D., Prusak L.: *In Good Company: How Social Capital Makes Organizations Work*. "Harvard Business School Press", Boston 2001; Edvinsson L., Malone M.S.: *Kapitał intelektualny. Poznaj prawdziwą wartość swego przedsiębiorstwa odnajdując jego ukryte korzenie*, PWN Warszawa 2001), a tylko w minimalnym stopniu do placówek oświatowych. Tymczasem właśnie organizacje uczące mają wszystkie cechy organizacji opartych na wiedzy. Stąd wydaje się zasadne podjęcie dyskusji nad możliwościami wykorzystania, czy też adaptacji koncepcji zarządzania kapitałem ludzkim i społecznym do warunków funkcjonowania szkoły.

3.1. Historyczne korzenie pojęcia kapitału ludzkiego

W ujęciu historycznym jest bardzo trudno, a niektórzy autorzy twierdzą nawet, że niemożliwe[26] przedstawienie historii myśli ekonomicznej z punktu widzenie teorii kapitału ludzkiego, ponieważ taki kompleksowy ciąg myślowy związany z tym pojęciem w przeszłości nie istniał. W świetle dostępnej literatury przedmiotu wydaje się jednak, iż można mówić o zaczątkach teorii kapitału ludzkiego w formie luźnych myśli związanych z miejscem i rolą człowieka w systemie gospodarczym, pojawiających się wśród poglądów ekonomistów.

Jednostka ludzka wraz z ucieleśnionymi umiejętnościami inspirowała ekonomistów już od początków klasycznej ekonomii. Wśród nich należy wymienić Williama Petty'ego

[26] Domański S.R.: *Kapitał ludzki i wzrost gospodarczy*, PWN, Warszawa 1993, s. 7.

(1623-1687), który podkreśla, że praca jest źródłem bogactwa narodu i szacuje wartość ekonomiczną ludzi przypisując im pieniężne wartości. Uważał on, że o wartości człowieka decydują następujące elementy: wykonywany zawód, wiek, stan zdrowia i przede wszystkim umiejętności. Petty umieścił umiejętności na równi z takimi czynnikami produkcji jak: ziemia, praca i kapitał. Zauważył, że w zależności od stopnia posiadanych kwalifikacji różna jest jakość pracy. Jako pierwszy ekonomista dostrzegł i docenił wpływ jakości pracy na jej siłę produkcyjną[27].

Nieco później Adam Smith (1723 – 1790), podobnie jak inni przedstawiciele szkoły klasycznej, upatrywał źródeł bogactwa kraju w pracy. Uważał on jednak, że nie każda praca jest źródłem tworzenia bogactwa. Bogactwo tworzy tylko praca produkcyjna czyli taka, której owocem są dobra materialne. Co ciekawe, do pracy materialnej zaliczał on również pracę nauczycieli i naukowców uznając, iż nakłady na kształcenie są produkcyjne z punktu widzenia interesu kraju[28]. Lepiej wykwalifikowani pracownicy będą bardziej produktywni i przyczynią się do wzrostu bogactwa kraju. Smith uważał, że bogactwo kraju rośnie wraz ze wzrostem zatrudnienia i wydajności pracy ludzkiej, która zależy od jakości rozumianej jako zasób odpowiednich kwalifikacji ludności, wg Smitha kwalifikacje to *„...pożyteczne umiejętności nabyte przez mieszkańców kraju*"[29]. Kwalifikacje Smith stawia na równi z kapitałem trwałym obok maszyn, urządzeń, budynków użytkowanych zarobkowo. Rozmiary kwalifikacji, rozumianych jako kapitał, określa on wielkością nakładów poniesionych na kształcenie, utrzymanie w okresie nauki i w okresie praktykowania. Smith posunął się dalej w swoich rozważaniach, gdyż nie tylko docenił wpływ jakości pracy na poziom bogactwa kraju, ale również starał się określić, jaką rolę w tworzeniu bogactwa odgrywają kwalifikacje.

Dalszy rozwój koncepcji gromadzenia wiedzy i umiejętności przez jednostki ludzkie wytyczył Jean Baptiste Say (1767 – 1832). Źródłem jego zainteresowania ekonomicznymi aspektami zasobów pracy była fascynacja postępem wiedzy i oświaty, jako głównej siły generującej bogactwo krajów. Powiązał on pracę człowieka ze zdolnościami

---

[27] Petty W.: *Traktat o podatkach i daninach oraz Anatomia polityczna Irlandii*, w : *Merkantylizm i początek szkoły klasycznej*. Wybór pism ekonomicznych XVI i XVII w., PWN, Kraków 1958, s.563-573.
[28] Smith A.: *Badania nad naturą i przyczynami bogactw narodów*, tom I, PWN, Warszawa 1954, s.417 – 419.
[29] Tamże, s. 347.

produkcyjnymi, które przynoszą efekty materialne i niematerialne, zależą one od siły oraz talentów wrodzonych i nabytych ucieleśnionych w człowieku. Zdolności te, czyli talenty i siła składają się nie tylko na majątek jednostki, ale przede wszystkim stanowią obok funduszy kapitałowych i ziemskich czynnik pomnażania bogactwa kraju[30]. Nagromadzenie wiedzy i umiejętności w człowieku nazwał on kapitałem niematerialnym.

Ważne spostrzeżenia, z punktu widzenia jakości zasobów ludzkich, można odnaleźć w pragmatycznym podejściu do procesów gospodarczych Alfreda Marshall'a (1842 – 1924). Podkreśla on integralną więź pracownika z wykonywaną przez niego pracą. Marshall twierdził również, że podczas szkolenia z inicjatywy pracodawcy powstają korzyści zewnętrzne, z których efektów pracodawca nie zawsze może w pełni korzystać. Marshall twierdził, że *„...najbardziej wartościowy kapitał jest ten, który włożony jest w istoty ludzkie"*[31]. Nakłady na kształcenie traktował jako istotne inwestycje z punktu widzenia rozwoju gospodarczego. Zdobywanie kwalifikacji traktował nie tylko jako prywatną sprawę jednostki, ale jako interes kraju. Był zdania, iż kosztami kształcenia powinno być obciążone państwo.

Jak twierdzi Domański koncepcje kapitału ludzkiego mają swoje źródło w ścieżkach wytyczonych przez Petty'ego i Smith'a. Dla pierwszego istota ludzka oraz społeczeństwo stanowią wartość samą w sobie. Dla Smith'a kapitał gromadzony w człowieku stanowią nabyte przez niego umiejętności, posiadana przez niego wiedza, zasoby zdrowia i jest to równocześnie forma kapitału trwałego. Natomiast dla Say'a ucieleśnione w człowieku tego rodzaju zasoby są specyficznym rodzajem kapitału w formie niematerialnej.

3.2. Twórcy teorii kapitału ludzkiego

Za twórców teorii i pojęcia kapitał ludzkiego oraz inwestycji w człowieka uważani są Theodore William Schulz (1902-1998) i Gary Stanley Becker (ur.1930), którzy w latach 60-tych XX wieku na stałe wprowadzili te pojęcia do literatury ekonomicznej. Dorobek twórców teorii kapitału ludzkiego wyznacza nowy kierunek rozwoju teorii kapitału –

[30] Say J.B.: *Traktat o ekonomii politycznej*, PWN, Warszawa 1960, s. 856,879.
[31] Marshall A.: *Zasady ekonomiki*, t. II, Warszawa 1928, s.58.

koncepcji całościowej kapitału, na który składają się: kapitał rzeczowy i ludzki. W naszej notacji odpowiada to kapitałom/wartościom materialnym i niematerialnym. Takie ujęcie jest równoznaczne z automatycznym uznaniem jego heterogeniczności. Schultz wykłada tę kwestię następująco: „*Kiedy dojrzałem rosnącą rolę kapitału ludzkiego w nowoczesnej gospodarce, także zacząłem dostrzegać nieadekwatność tradycyjnej koncepcji kapitału, która wystartowała po drodze kapitałowej homogeniczności, drodze dalekiej od wszechogarniającej koncepcji kapitału z właściwą mu heterogenicznością*”[32].

Konkretyzując pojęcie kapitału ludzkiego można określić go jako zasób wiedzy, umiejętności, zdrowia, siły i energii witalnej itp. zawarty w człowieku. Zasób ten stanowi uwarunkowany genetycznie określony potencjał, który można powiększać drogą inwestycji w człowieka[33]. Inwestycje w człowieka definiowane są jako „*ogół działań, które wpływają na przyszły pieniężny i fizyczny dochód przez powiększanie zasobów w ludziach*”[34]. Cechą charakterystyczną inwestycji w człowieka, jest to, iż przynoszą zwroty poniesionych nakładów w perspektywie długookresowej[35]. Schultz zauważył, że „*wiele z tego, co nazywamy konsumpcją, stanowi inwestycje w kapitał ludzki*”[36]. Jednakże problem wyodrębnienia z ogółu działalności ekonomicznej tej części, którą można określić mianem inwestycji w człowieka, nie sprowadza się tylko do nazwania po nowemu wydatków na kształcenie, wyżywienie czy ochronę zdrowia.

Becker zakłada, że powiększanie zasobu kapitału ludzkiego wpływa wyłącznie na płacę. Zasób ucieleśniony w człowieku zmienia się według stopy zmiany, będącej różnicą między tempem produkcji a stopą jego zużycia (deprecjacji). Tak więc, uzyskiwane wynagrodzenia na rynku pracy zależy od poziomu posiadanego przez człowieka zasobu kapitału ludzkiego[37]. Jednostka ludzka będzie tworzyć swój kapitał ludzki poprzez dokonywanie inwestycji. Zasób kapitału ucieleśnionego w indywidualnej osobie może oddziaływać na konsumpcję oraz na proces odtwarzania samego zasobu kapitału ludzkiego.

---

[32] Schultz T. W.: *Investment in Human Capital*, The Free Press, New York 1976, s. 6.
[33] Domański S.R.: *Kapitał ludzki i wzrost gospodarczy*, PWN, Warszawa 1993, s. 35.
[34] Becker G.S.: *Human Capital*, NBER, New York 1975, s. 9.
[35] Domański S.R.: *Kapitał* ... op.cit., s. 21.
[36] Schultz T.W.: *Investment* ... op.cit., s. 9.
[37] Becker G.S.: *Human Capital*, NBER, New York 1975, s. 59.

W ramach teorii kapitału ludzkiego Beckera można tłumaczyć występowanie w gospodarce takich zjawisk jak: malejący wraz z wiekiem pracowników wzrost uzyskiwanych wynagrodzeń, zależność pomiędzy poziomem wykształcenia a stopą bezrobocia, zwiększoną aktywność szkoleniową oraz skłonność do częstszej zmiany miejsca pracy osób młodych. Wyszczególnił on również dwa podstawowe strumienie inwestycji w kapitał ludzki. Nakłady na rozwój umiejętności ogólnych, których nie opłaca się rozwijać pracodawcy, gdyż powiększają one wyłącznie zasób ogólnego kapitału pracownika. Drugi strumień tworzą inwestycje w całkowicie specjalistyczne umiejętności i kwalifikacje pracowników, przydatne wyłącznie w miejscu pracy. Tym samym mają bezpośrednio oddziaływać na uzyskiwaną efektywność przeszkolonych osób.

W literaturze przedmiotu wymienianych jest 6 obszarów, w których można prowadzić działania podnoszące jakość ludzkich zdolności, określane mianem inwestycji w człowieka[38]:

1. Szeroko rozumiane usługi i udogodnienia związane z ochroną zdrowia, wpływające na żywotność i witalność człowieka.
2. Szkolenie w czasie pracy.
3. Formalne kształcenie szkolne na wszystkich szczeblach.
4. Programy studiów dla dorosłych.
5. Migracje ludności w celu znalezienia lepszej pracy i dostosowania się do zmieniających się warunków.
6. Poszukiwanie informacji o sytuacji ekonomicznej firm i perspektywach zawodowych.

Dodatkowo w przedstawionym powyżej kontekście wymieniane są także badania naukowe. Efekty uzyskane, dzięki poniesionym nań nakładom materializują się w postaci wynalazków czy innowacyjnych rozwiązań, które z kolei wyznaczają nowe kierunki ich wykorzystania w działalności inwestycyjnej, w tym także w obszarze inwestycji w człowieka. Stosownie do wymienionych obszarów inwestycji w człowieka można wskazać ich organizacyjne ramy. Procesy te mogą odbywać się w ramach:

– systemu edukacji narodowej,

[38] Domański S.R.: *Kapitał* ... op.cit., s. 20.

- systemu agencji zatrudnienia, dostarczających informacji o pracy,
- systemu badań naukowych prowadzonych przez uczelnie wyższe oraz przedsiębiorstwa.

Konkretyzują się one także w niezorganizowanej aktywności ludzkiej, począwszy od indywidualnego zacięcia badawczego a skończywszy na aktywności w poszukiwaniu lepszej pracy.

Umieszczenie w teorii kapitału ludzkiego jednostki jako podmiotu ekonomicznego, który może zwiększać swój potencjał intelektualny w drodze specyficznych inwestycji pozwoliło na zarzucenie paradygmatu traktowania człowieka jako czynnika produkcji wolnego od kapitału. Rozpatrywanie kapitału zaś w kontekście jego heterogeniczności otworzyło drogę dla nowych teorii lepiej opisujących zmieniającą się rzeczywistość np. teorii kapitału społecznego.

3.3. Pojęcie kapitału społecznego

W bezpośredniej korelacji z kapitałem ludzkim pozostaje kapitał społeczny, rozumiany jako społeczne (kolektywne) wykorzystanie zasobów umiejętności, wiedzy i kreatywności jednostek oraz ich zdolność do współpracy, tworzenia związków pomiędzy ludźmi i organizacjami. Przy czym podkreślić należy, iż kapitał społeczny nie jest tylko prostą sumą kapitałów jednostek, ale jest także kreowany przez instytucje oraz pomnażany poprzez ich zdolność do współdziałania, co jest nazywane efektem **synergii**. Jakkolwiek istnieje wiele, nie zawsze jednoznacznych definicji kapitału społecznego, tym, co łączy większość z nich jest podkreślenie znaczenia powiązań międzyludzkich, zaufania i zasady wzajemności.

Swoją popularność kapitał społeczny zawdzięcza socjologii, ale z ekonomicznego punktu widzenia termin ten odwołuje się etymologicznie do pojęć takich jak kapitał fizyczny i ludzki. Kapitał ludzki to umiejętności pojedynczych ludzi, ich skumulowana wiedza, zdolność do podejmowania pracy i rozwiązywania problemów. Z tak pojmowanym kapitałem wiąże się kapitał społeczny, oparty na zdolności i gotowości do kooperacji oraz współpracy między ludźmi. Termin „*kapitał społeczny*" we współczesnym rozumieniu został po raz pierwszy użyty niezależnie pod koniec XX wieku przez Colemana[39] i Bordieu[40].

Coleman zdefiniował kapitał społeczny jako aspekt struktury społecznej, tworzącej wartości i ułatwiającej działania jednostek w ramach tej struktury Coleman chciał wytłumaczyć korelacje między osiągnięciami w szkole a nierównościami społecznymi, tak więc w jego koncepcji kapitał społeczny służy podkreśleniu społecznego kontekstu edukacji. Coleman analizuje znaczenie kapitału społecznego w kształtowaniu kapitału ludzkiego następnego pokolenia. W otoczeniu edukacji można wyróżnić trzy zasadnicze komponenty: kapitał finansowy, kapitał ludzki i kapitał społeczny. Wszystkie one (a więc także kapitał społeczny – rodzice, przyjaciele rodziców, którzy mieli wpływ na dzieci, a także same relacje między rodzicami a dziećmi) wpływają na rozwój kapitału ludzkiego dzieci, a tym samym na ich szkolne osiągnięcia[41]. Coleman opisał mechanizmy generujące kapitał społeczny takie jak: oczekiwana wzajemność, wiarygodność struktur oraz wymuszanie przez grupę norm, będące konsekwencjami jego posiadania takie jak: uprzywilejowany dostęp do informacji i właściwa organizacja społeczna, która dostarcza kontekstu dla urzeczywistnienia kapitału społecznego. Kapitał społeczny przejawia się więc w trzech formach: obowiązku i oczekiwania (obligation and expectation), kanałów informacyjnych oraz norm społecznych.

Według Bourdieu kapitał społeczny jest sumą zasobów, aktualnych i potencjalnych, które należą się jednostce lub grupie z tytułu posiadania trwałej, mniej lub bardziej zinstytucjonalizowanej sieci relacji, znajomości, wzajemnego uznania itp. Definicja kapitału społecznego w ujęciu Roberta Putnama (1995) brzmi następująco: „*kapitał społeczny odnosi się [...] do takich cech organizacji społeczeństwa jak zaufanie, normy i powiązania, które mogą zwiększyć sprawność społeczeństwa ułatwiając skoordynowane działania*"[42]. Opierając się na porównawczej analizie włoskich regionów Putnam stwierdził,

---

39 Coleman J. S.: *Foundations of Social Theory*, Cambridge, Mass.: Harvard University Press 1990, s. 300

40 Bourdieu P., Wacquant L.J.D.: *Zaproszenie do socjologii refleksyjnej*, Oficyna Naukowa, Warszawa. 2001.s.105

41 Coleman J.S.: *Social Capital in the Creation of Human Capital*, „American Journal of Sociology" 1998, nr 94, supplement, s. 109;

42 Putnam R.D.: *Demokracja w działaniu. Tradycje obywatelskie we współczesnych Włoszech.* Kraków, Warszawa (1995), Społeczny Instytut Wydawniczy Znak, Fundacja im. Stefana Batorego, s. 67

że społeczności o niskim poziomie kapitału społecznego nie potrafią sobie dobrze poradzić z rozmaitymi – zbiorowymi i jednostkowymi problemami, a ich instytucje władzy są w znacznym stopniu skorumpowane i nieefektywne w osiąganiu celów. Fukuyama definiuje kapitał społeczny, podobnie jak Putnam, jako "*zestaw nieformalnych wartości i norm etycznych wspólnych dla członków określonej grupy i umożliwiających im skuteczne współdziałanie*"[43]. Podstawą współdziałania na rzecz dobra publicznego jest wzajemne zaufanie członków grupy. Zasady, które tworzą kapitał społeczny, rozciągają się od normy wzajemności między dwojgiem przyjaciół po bardzo złożone i skodyfikowane doktryny, takie jak chrześcijaństwo czy konfucjonizm.

Jakkolwiek istnieje wiele, nie zawsze jednoznacznych definicji kapitału społecznego (Grabowska w artykule „*Metody wartościowania kapitału społecznego na poziomie przedsiębiorstwa*" w P-4-2007 IBS PAN Warszawa, podaje za literaturą 13 definicji kapitału społecznego), tym co łączy większość z nich jest podkreślenie znaczenia powiązań międzyludzkich, zaufania i zasady wzajemności. Kapitał społeczny zwiększa sprawność funkcjonowania społeczności i zdolność realizowania zbiorowych przedsięwzięć, ponieważ ułatwia spontaniczną współpracę i skoordynowanie działania poszczególnych jednostek. **Tak jak tworzenie kapitału fizycznego obejmuje zmiany w materiałach, w celu ułatwienia produkcji, tak tworzenie kapitału ludzkiego obejmuje zmiany w umiejętnościach i zdolnościach jednostki, natomiast kapitał społeczny powstaje, gdy stosunki międzyludzkie ulegają zmianie w sposób ułatwiający współpracę i współdziałanie.**

W badaniach kapitału społecznego Paul Bullen i Jenny Onyx wyróżniają sześć wyznaczników (składników) kapitału społecznego (patrz rys.8):[44]

1. **Działanie w ramach sieci.** Istotnym zagadnieniem w tworzeniu kapitału społecznego jest istnienie mniej lub bardziej złożonych sieci powiązań pomiędzy jednostkami lub grupami.

---

[43] Fukuyama F.: Zaufanie. Kapitał społeczny a droga do dobrobytu. PWN, Warszawa 1997, s.56

[44] Bullen P., Onyx J.: *Measuring Social Capital in Five Communities in NSW* – A Practitioners Guide, January 1998 cytowany przez Dyduch W.: *Kapitał społeczny organizacji pożywką przedsiębiorczości i innowacyjności*, materiały pokonferencyjne strona http://www.zti.com.pl/instytut/pp/referaty/ref42_full.html

2. **Wzajemność.** Kapitał społeczny oznacza działania jednych osób na rzecz innych, nawet kosztem interesu własnego, jednak przy założeniu, że to działanie zostanie w przyszłości odwzajemnione.
3. **Zaufanie.** Tworzenie atmosfery zaufania, która wywołuje skłonność do podejmowania ryzyka przez uczestników organizacji. Wynika to z założenia, że inni zachowają się zgodnie z oczekiwaniami i będą się wzajemnie wspierać.
4. **Normy społeczne.** Są one często/zwykle niepisanymi, ale powszechnie zrozumiałymi prawami lub wartościami, które określają, jakie formy zachowania są pożądane, a jakie nie.
5. **Wspólnota.** Połączenie uczestnictwa w sieci, zaufania, norm i wzajemności tworzy silną wspólnotę (każdy członek wspólnoty ma dostęp do zasobów, ale nikt nie posiada ich na własność). Każdy człowiek wspólnoty czuje, że lepiej być w niej niż poza nią.
6. **Postawa aktywna.** Rozwój kapitału społecznego wymaga spontanicznego i aktywnego zaangażowania się ludzi we wspólne działania.

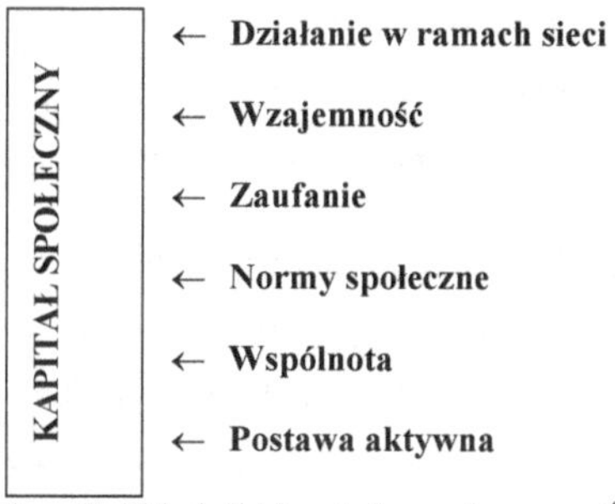

Rys. 8. Składniki kapitału społecznego[45]

Podsumowując, kapitał społeczny zwiększa sprawność funkcjonowania społeczności i zdolność realizowania zbiorowych przedsięwzięć, ponieważ ułatwia zarówno spontaniczną współpracę, jak i skoordynowanie działania poszczególnych jednostek.

[45] Domański S. R.: *Kapitał ludzki i wzrost gospodarczy*, PWN, Warszawa 1993

3.4. Proces budowania kapitału ludzkiego

Umiejętność gospodarowania zasobami niematerialnymi staje się dziś, w obliczu zmienności otoczenia i rozwoju społeczeństwa informacyjnego, warunkiem koniecznym dla każdej organizacji, chcącej przetrwać i konkurować na rynku. Kluczową kompetencją nie tylko przedsiębiorstw, ale i innych organizacji w tym obszarze, staje się efektywne zarządzanie kapitałem ludzkim i społecznym.

W książce przyjęto definicję, że kapitał ludzki to zasób wiedzy, umiejętności, kompetencji, zdrowia i energii witalnej itp. zawarty w każdym człowieku traktowanym, jako oddzielna istota ludzka. Określa on między innymi zdolności tej istoty do pracy, adaptacji do zmian zachodzących w jej otoczeniu oraz do poszukiwania nowych rozwiązań. Przyjęto, że każdy człowiek dąży do posiadania jak największej wiedzy czy umiejętności. Nie ulega wątpliwości, że proces formowania kapitału ludzkiego zaczyna się od najmłodszych lat. Wraz z wychowaniem, rodzice przekazują swym dzieciom prawdy, jakimi powinni kierować się w życiu. To od pierwszych lat życia zależy, czy człowiek stanie się osobą ambitną, dążącą do kolejno stawianych sobie celów, czy leniwą, nie mającą żadnych planów i perspektyw. Nie bez znaczenia jest także postawa rodziców oraz szkoła, która jest kolejnym etapem w procesie rozwoju kapitału ludzkiego.

W szkole zaczyna się edukacja, która jest chyba najważniejszym ogniwem w opisywanym procesie. Dlatego tak ważne jest podejście nauczycieli do uczniów. Podejście to powinno być w miarę możliwości jak najbardziej indywidualne, ponieważ każda młoda osoba ma różne możliwości, wymagające różnych sposobów prowadzenia edukacji. Bardzo ważne jest mobilizowanie dzieci, czy później młodzieży, do nauki i to nie tylko w szkole, ale także poza nią. Gdy młoda osoba kończy edukację szkolną, to powinna być w dużym stopniu przygotowana do wyścigu o miejsca pracy, czy indeksy na uczelniach. Powinna ona być osobą wykształconą, mającą cel i perspektywy na przyszłość, znającą swoją wartość, ale i wartość potencjalnych konkurentów na rynku pracy. Osoba taka wie, co chce robić w życiu i pragnie stale poszerzać swoje horyzonty. W tym momencie zaczyna się inwestowanie w siebie. Kapitał ludzki będący jej częścią może być już w dużym stopniu wykorzystany, ale cały czas powinien być rozwijany, ponieważ wraz ze wzrostem kwalifikacji i poziomu wykształcenia następuje stały wzrost wydajności osoby, a co za tym idzie i przyszłych zarobków. Często nakłady na edukację, jakość usług, z których korzystamy przesądzają o przyszłej roli danej osoby w społeczeństwie.

W tym miejscu należałoby wspomnieć, że nie tylko sam człowiek odpowiada za rozwój drzemiącego w nim kapitału. Ważną rolę w procesie jego formowania odgrywa także rząd kraju zamieszkiwanego przez daną osobę. Dzięki nakładom finansowym na edukację, ochronę zdrowia czy poprawę wyżywienia, państwo w znaczący sposób pomaga w procesie kształtowania kapitału ludzkiego społeczeństwa. W zamian za to dostaje obywateli, którzy mogą godnie reprezentować ojczyznę na arenie międzynarodowej, a także konkurować z innymi społeczeństwami. Dlatego bogate państwa mają bardzo rozwinięty kapitał ludzki, wiele inwestują w jego rozwój, co z kolei ugruntowuje ich pozycję międzynarodową.

Podsumowując, proces formowania kapitału ludzkiego trwa przez całe życie. Od narodzin, sposobu wychowywania, poprzez edukację szkolną, itd., aż po proces samodzielnego doskonalenia zawodowego czy szkolenia, a państwo ma istotny udział w tym procesie.

3.5. Proces budowania kapitału społecznego

W przeciwieństwie do poprzednio omówionego pojęcia, kapitał społeczny jest koncepcją stosunkowo nową, która nabrała popularności w latach dziewięćdziesiątych (Glaeser 2001). Konferencja OECD zdefiniowała go jako ogół norm, sieci i innych form społecznych powiązań, choć spór o definicję cały czas trwa[46]. Logika kapitału społecznego polega na wyodrębnieniu stosunków społecznych jako czynnika wpływającego na wzrost gospodarczy. Na te stosunki społeczne składają się postawy dotyczące pracy, odpowiedzialności, zaufanie do otoczenia, poziom inicjatywy w sprawach społecznych i gospodarczych. Przykładem może być chociażby spadek liczby oszustw i kradzieży, czego efektem są mniejsze wydatki na zabezpieczenia, ubezpieczenia itd. oraz być może,

---

[46] Temple J.: *Growth Effects of Education and Social Capital in OECD countries*, OECD Conference Papers, 2001, www.oecd.org

zwiększona skłonność do konsumpcji pewnych dóbr i usług, a ostatecznym skutkiem – przyspieszenie wzrostu gospodarczego.

Kapitał społeczny daje także korzyści pozarynkowe: poczucie bezpieczeństwa, zadowolenie z życia itp. Powszechnie stosowanym sposobem pomiaru kapitału społecznego są różnorodne badania ankietowe zawierające zwykle pytanie, czy ogólnie rzecz biorąc ufa się otoczeniu? Metoda ta ma wszystkie wady i zalety badań ankietowych.

Inną metodą dającą przybliżony obraz kapitału społecznego jest członkostwo w organizacjach o charakterze niezawodowym. Jednak wobec istniejących sporów definicyjnych jak dotąd, żadna miara nie daje zadowalającego obrazu tego zasobu ani strumieni inwestycji w jego powiększaniu[47]. Inwestycje w kapitał społeczny mają skomplikowany charakter, a ponadto nie istnieją na razie żadne, powszechnie akceptowane metody ich pomiaru.

Z pewnością, jedną z form inwestycji jest edukacja, jednak pozostałe formy trudno jednoznacznie zdefiniować i ująć w ramy modelu. Akumulacja kapitału społecznego zachodzi w czasie różnego rodzaju interakcji społecznych, w szczególności poprzez aktywne uczestniczenie w organizacjach społecznych i wydarzeniach lokalnych. Choć można obliczyć bezpośrednie nakłady na te formy działalności, to trudno określić, w jakim stopniu są one wydatkami na konsumpcję. Ponadto trudno jest odróżnić przepływy tego kapitału od jego stanu. Pewnym wydaje się natomiast, że ogromny wpływ na przyrost kapitału społecznego ma edukacja, czyli de facto polityka edukacyjna państwa[48].

Istotnym problemem związanym z edukacją jest jej rola w tworzeniu stabilnego systemu społecznego, który sprzyjałby wzrostowi wydajności całej gospodarki. Badania przeprowadzane w krajach zachodnich jednoznacznie dowodzą pozytywnego związku pomiędzy wykształceniem a uczestnictwem w życiu społecznym[49] oraz innymi zjawiskami mającymi wpływ na stan stosunków społecznych: przestępczością, modelem rodziny, zdrowiem, a nawet efektywnością wyborów konsumenckich (Wolfe, Haveman, 2001).

---

[47] Glaeser, E. W.: *The Formation of Social Capital*, OECD Conference Papers, 2001, www.oecd.org
[48] ibidem
[49] ibidem

Ponadto wykształcenie rodziców wpływa na warunki dorastania oraz decyzje edukacyjne i społeczne ich dzieci.

Pytanie, czy polskie szkoły spełniają swą wychowawczą funkcję pozostawiono otwarte. Mimo, że reformy oświaty stworzyły w Polsce niezbędne ramy do podejmowania działań na rzecz rozwoju szkół, to jednak zaawansowanie tego procesu w tworzeniu uczącej się organizacji jest bardzo zróżnicowane. Odpowiedź na pytanie, dlaczego pewne szkoły są aktywne i radzą sobie z problemami, a w innych panuje zastój, nie jest prosta. Wydaje się, że to nie tylko nagromadzone zasoby materialne są warunkiem sukcesu, ale przede wszystkim ludzie, ich przedsiębiorczość, skłonność do samoorganizowania się i współdziałania, umiejętność wyłonienia grupy liderów, cieszących się uznaniem i szacunkiem.

Motorem rozwoju szkół są nauczyciele, głównie w osobach liderów zespołów przedmiotowych: humanistycznych, matematyczno – przyrodniczych, informatycznych, zawodowych itp. Efektywne zarządzanie kapitałem społecznym, wymaga zidentyfikowania jego składników: czyli tego, co tkwi w nauczycielach – ich kapitału ludzkiego – a więc ich umiejętności, doświadczenia, kompetencji, wiedzy itp. oraz tego co ma wpływ na ich działania, umiejętności współpracy w grupie, dążenia do osiągania zbiorowego sukcesu, zaufania, wymiany informacji, chęć podnoszenia kwalifikacji, relacji formalnych i nieformalnych, itp. Świadomość istnienia kapitału społecznego wraz z całym bogactwem intelektu jest pierwszym i rozciągającym się na wszystkie działania warunkiem pełnego jego wykorzystania.[50]

Kapitał społeczny jest fundamentem rozwoju i bez niego nie jest możliwe efektywne nauczanie i uczenie się. Sprostanie tym zadaniom powinno się znaleźć w centrum zainteresowania osób tworzących politykę edukacyjną i społeczną państwa, nie tylko ze względów ideologicznych, lecz przede wszystkim ze względów gospodarczych. Istotna jest także polityka informacyjna rządu, która powinna wpływać na aktywizację społeczeństwa oraz wzrost zaufania do wszystkich elementów aparatu państwowego, budować społeczeństwo obywatelskie.

---

[50] Wiktorzak A.A.: *Rola kapitału społecznego w funkcjonowaniu nowoczesnej szkoły*, Miesięcznik Dyrektor Szkoły, Wolters Kluwer Warszawa 2007, s.23

W społeczeństwie opartym na wiedzy decydujące znacznie mają takie czynniki jak: zasób informacji, kwalifikacje i umiejętności. Fundamentalne znaczenie odgrywa wykorzystywanie nowoczesnych technologii, zwłaszcza tych informatycznych[51]. Aby sprostać wyzwaniom, jakie niesie ze sobą przyszłość, należy odpowiednio zadbać o rozwój edukacyjny społeczeństwa. Nie chodzi tu tylko i wyłącznie o środki finansowe, jakie powinny być przeznaczane dla instytucji edukacyjnych i na cele naukowe. Kontekst tych działań musi mieć szerszy charakter i obejmować wizje działania, kierunek rozwoju. Gdy tego zabraknie, podejmowane działania będą miały charakter chaotyczny. Konsekwencje takiego stanu rzeczy nie przyniosłyby korzyści ani dla gospodarki i społeczeństwa jako pewnej całości, ani dla poszczególnych jednostek. Myśląc o długofalowym rozwoju kraju, regionu należy wziąć pod uwagę potencjał edukacyjny i kierunek jego rozwoju. Szczególnie wiele miejsca należy poświęcić jakości kształcenia. Wysoką poprzeczkę warto sobie ustawić już na poziomie szkoły podstawowej, a nie dopiero, jak to często bywa w Polsce, szkoły średniej. Jak pokazują doświadczenia krajów skandynawskich wzrost inwestycji na edukację przenosi się bezpośrednio na wskaźniki ekonomiczne. Zachęcanie młodzieży do kształcenia się może zatem przynieść w przyszłości liczne korzyści. Skutki zwiększania się liczby osób z wykształceniem wyższym nie mają wyłącznie charakteru materialnego. Trzeba wziąć pod uwagę takie czynniki jak: satysfakcja z życia, mniejsza liczba zachorowań itd. Te elementy korelują bowiem z wyższym poziomem wykształcenia.

Proces budowania kapitału społecznego, tak jak i kapitału ludzkiego, jest długi, złożony, bardzo skomplikowany i trudno mierzalny. Niniejsza książka stanowi wstęp do realizacji zadań związanych z identyfikacją i pomiarem tych bardzo ważnych kapitałów, ze szczególnym uwzględnieniem budowania tych wartości w okresie nauki w szkole. Kolejne rozdziały zawierają modele pomiaru kapitału ludzkiego ucznia i kapitału społecznego szkoły średniej/ponadgimnazjalnej.

Jak już wspominaliśmy, do dziś brak jest jednej, powszechnie przyjętej definicji kapitału społecznego. **W tej książce zdefiniowano kapitał społeczny jako te wartości niematerialne, które powstają w wyniku współpracy/relacji co najmniej dwóch osób, ich wzajemnego zaufania, kooperacji, zrozumienia itp.** Oczywiście każda z tych

---

[51] Wiktorzak A.A.: *Zarządzanie zmianą a jakość placówki oświatowej*, Analiza systemowa w finansach i zarządzaniu T.9 pod red. Hołubca J. Warszawa 2007, s.221-243

wspomnianych osób ma swój własny kapitał ludzki. Walukiewicz w 2008r. udowodnił, że kapitały te są rozłączne/ortogonalne, co oznacza, że ich wartości możemy dodawać, obliczając wartości niematerialne rozważanej instytucji.

4. ANALIZA SYSTEMOWA PROCESU DYDAKTYCZNEGO

Proces budowania/tworzenia kapitału ludzkiego jest bardzo złożony, trwa przez całe życie, a na jego kształt i rozwój ma wpływ wiele czynników. Do analizy tego procesu wybrano jeden z jego najważniejszych etapów – etap budowania kapitału ludzkiego ucznia szkoły średniej. Nauka, zdobywanie nowych doświadczeń, umiejętności w wieku 16 - 20 lat, mają ogromny wpływ na to co, dzieje się z rozważanym uczniem w danej chwili, ale mają też swoje oczywiste skutki dla jego przyszłości. Niejednokrotnie wybory, które on w tej szkole dokonuje, mają decydujący wpływ na całe jego życie zarówno zawodowe jak i osobiste. Szkoła ponadgimnazjalna jest kuźnią nowych talentów, jest miejscem, gdzie młody człowiek rozwija swój osobisty potencjał, rozwija swój kapitał ludzki, ale również tutaj zachodzi drugi bardzo ważny proces – budowanie kapitału społecznego. W tym procesie bardzo istotne jest spostrzeżenie transformacji, jaka dokonuje się w społeczności szkolnej, rozwijany i pomnażany kapitał społeczny nauczycieli ma wpływ na jakość/wielkość tego kapitału u ich uczniów w przyszłości, kapitału społecznego budowanego przez absolwentów szkół średnich w ich późniejszym dorosłym, zawodowym życiu.

W rozdziale 3 zdefiniowano pojęcie kapitału ludzkiego i społecznego, w tym rozdziale przejdziemy do analizy szacowania tych zasobów niematerialnych, ponieważ tak jak w przypadku innych form kapitału bardzo istotne jest to, by umieć określać ich wielkość lub ich wartość. Wygodnie byłoby przedstawić wielkość kapitału ludzkiego i społecznego w jednostkach monetarnych, ale tak jak pisano wcześniej w przypadku niematerialnych zasobów jest to bardzo trudne. Dlatego rozważania będą próbą szacowania wartości/wielkości tych kapitałów, próbą określania skali ich wzrostu lub spadku. Do analizy kapitału ludzkiego i społecznego szkoły autorka książki wykorzystuje model Wirtualnej Taśmy Produkcyjnej zaproponowanej po raz pierwszy przez Walukiewicza w 2006 r.[52].

[52] Walukiewicz S.: *Trzy modele do analizy kapitału społecznego*, Badania operacyjne i systemowe 2006. Wiedza systemowa dla rozwoju regionów i przedsiębiorstw w Polsce, Exit Warszawa 2006, s. 32-36.

4.1. Klasyczna Taśma Produkcyjna

Przed omówieniem modelu Wirtualnej Taśmy Produkcyjnej (WTP) w analizie procesu dydaktycznego, jako wstępu do pomiaru kapitału ludzkiego i społecznego, na chwilę zatrzymajmy się i przypomnijmy najważniejsze zasady, na których bazuje Klasyczna Taśma Produkcyjna (KTP) wprowadzona przez amerykańskiego przedsiębiorcę Henrego Forda (1863 – 1947). Już jako młody mechanik samochodowy marzył on o skonstruowaniu auta dostępnego dla możliwie najszerszych warstw ludności. Ford jako pierwszy wprowadził w 1913 roku w swojej fabryce genialny wynalazek: ruchomą taśmę produkcyjną. W połowie lat 20-tych łączna długość wszystkich taśm w fabrykach Forda przekroczyła 24 km. Był on także pionierem serwisu samochodowego: nabywcom oferował nie tylko samochód, ale także warsztaty naprawcze rozrzucone po całym terytorium USA i wyposażone w pełny asortyment części zamiennych.

Doktryna Forda, zwana potocznie fordyzmem, opiera się na trzech podstawowych zasadach:

1. Produkcji masowej, bazującej na zaawansowanym podziale pracy (patrz rys.11, str. 47), dającej w efekcie standaryzowane wyroby.
2. Wysokich płacach, jako źródle prosperity przedsiębiorstwa. W 1925 roku płacił swoim pracownikom o 50% więcej niż inni pracodawcy w branży motoryzacyjnej.
3. Ograniczeniu do niezbędnego minimum hierarchii formalnej, sztywnych schematów oraz skomplikowanej rachunkowości, by jak najmniejsza była ilość personelu biurowego - wszystko po to, by maksymalnie obniżać łączne koszty produkcji.

Specjalizacja czyniła pracę w zakładach Forda maksymalnie uproszczoną, a co za tym idzie – nie wymagającą wysokich kwalifikacji. Zarzuty sprowadzania człowieka do roli robota Ford odpierał tym, że dzięki specjalizacji mógł zatrudniać każdego. Ford pokazał, że mówiąc nieco patetycznie, **prości ludzie (robotnicy) mogą produkować bardzo skomplikowane samochody, że o wszystkim decyduje organizacja (rozbicie skomplikowanego procesu na wiele prostych operacji).**

Wady i zalety produkcji taśmowej nie zmieniły się od czasów Forda. Podstawowym powodem, dla którego taśma produkcyjna wygrała (i często nadal wygrywa) z pojedynczym specjalistą-rzemieślnikiem, jest ogromny, liczony w tysiącach razy, wzrost efektywności całego procesu. Pracownicy wykonując proste zadania, nie muszą tracić czasu na dobieranie narzędzi, nie muszą również znać całej złożoności procesu produkcyjnego. Co więcej, z czasem poszczególne etapy łańcucha produkcji można zastępować automatami/robotami, co jeszcze bardziej ogranicza koszty. Wadą jest przede wszystkim niska elastyczność - raz ustawiony proces produkcji trudno zmodyfikować, a tym bardziej zmienić. Jest to problem szczególnie istotny na gwałtownie zmieniających się rynkach, co w dzisiejszych czasach jest bardzo ważne.

Mówiąc o modelu produkcji taśmowej, bardzo rzadko mamy na myśli branże takie jak np. IT czy edukacja. Firmy informatyczne kojarzą się nam raczej z Google, z jego trzyosobowymi zespołami, z 20% wolnego czasu na innowacje i daleko idącej niezależnością grup zadaniowych. Ten obraz nie do końca odpowiada rzeczywistości, jakiej doświadczają informatycy w wielu firmach. Są oni przecież często częścią rozbitego na podstawowe zadania procesu produkcji oprogramowania, wykonując powtarzalne czynności w ściśle określonym zakresie obowiązków. Natomiast w szkole również możemy zauważyć pewien klasyczny, standardowy podział pracy. Mamy tutaj na myśli pracę poszczególnych nauczycieli, w poszczególnych klasach, na odpowiednim przedmiocie i dopiero połączenie wysiłku wszystkich nauczycieli, ich współpraca, dobra organizacja procesu edukacyjnego, może przynosić korzyści, nie tak materialne jak w przypadku taśmy, na której Ford produkował swoje samochody, ale w postaci wiedzy, umiejętności, doświadczenia nabywanego przez uczniów w szkole. Omówiono to dokładnie analizując w następnym punkcie procesy dydaktyczne *P1* oraz *P2* zdefiniowane we Wstępie.

4.2. Wirtualna Taśma Produkcyjna jako narzędzie do analizy procesów dydaktycznych

Szkoła, mając na uwadze dobro swoich uczniów, powinna rozwijać w nich to, co najlepsze, by spożytkować te wartości dla wymiernych efektów funkcjonowania placówki, a w konsekwencji zarówno dla jej rozwoju, jak i dla rozwoju jej uczniów. Traktując szkołę jako dynamiczną całość, która uruchamia możliwości dzielenia się wiedzą dzięki pracy zespołowej, dzięki bliskim kontaktom, dzięki formalnym i nieformalnym spotkaniom itp., należy mieć jednocześnie na uwadze dążenie do kompleksowości i elastyczności szkoły w zakresie wykonywanych zadań. Ważne jest, by zapewnić w maksymalnym stopniu to, że każdy uczeń ma możliwość pełnego rozwoju jego potencjału w ramach działalności szkoły. Takie postępowanie pomaga w uruchomieniu ukrytych zasobów i pozwala na skoncentrowanie się, na wzmocnieniu tych wartości, stwarzając warunki stosowania odpowiednio dobranych działań, metod i technik.

Klasyczny proces dydaktyczny (w książce oznaczony jako *P1*) można modelować lub opisywać za pomocą Wirtualnej Taśmy Produkcyjnej (WTP) przedstawionej na Rys.9. Na początku edukacji na taśmę produkcyjną „wchodzą" uczniowie, którzy osiągnęli pewien zasób wiedzy przypisany danemu poziomowi kształcenia np. szkoły gimnazjalnej. Można powiedzieć, że posiadają oni wiedzę, umiejętności i doświadczenie oraz pewien stan emocjonalny, kulturowy itp., czyli pewien poziom kapitału ludzkiego danego ucznia, co oznaczono $v(KL,t_0)$, gdzie t_0 oznacza początek procesu edukacyjnego w danej szkole ponadgimnazjalnej. Proces edukacyjny kończy się w momencie t_k, gdy absolwent opuszcza szkołę ponadgimnazjalną.

W trakcie procesu edukacyjnego na WTP odbywa się szereg prac (operacji) dydaktycznych, które nieprzypadkowo występują w odpowiedniej kolejności i ilości. Podczas procesu edukacyjnego ucznia bardzo ważny jest wkład nauczycieli w wykształcenie i wychowanie młodego człowieka, ale równie istotne są inne czynniki takie jak: wpływ rodziców, społeczności szkolnej, kolegów, koleżanek, oddziaływanie bazy dydaktycznej szkoły, jej struktury organizacyjnej, jak również organizacji edukacji jako takiej itp. W pierwszym przybliżeniu przyjęto, iż tak szeroko rozumiane otoczenie procesu dydaktycznego *P1* lub *P2* wpływa poprzez nauczycieli na kształcenie uczniów na WTP. Z taśmy, czyli na koniec procesu dydaktycznego „schodzi" absolwent, który posiada odpowiednią wiedzę i umiejętności zgodne z jego kierunkiem i poziomem kształcenia (np. maturzysta czy technik ekonomista) o określonym poziomie kapitału ludzkiego $v(KL, t_k)$. Oczywiście, w rzeczywistości taka taśma nie istnieje, jest wirtualna i dlatego na rys. 9 narysowano ją linią przerywaną.

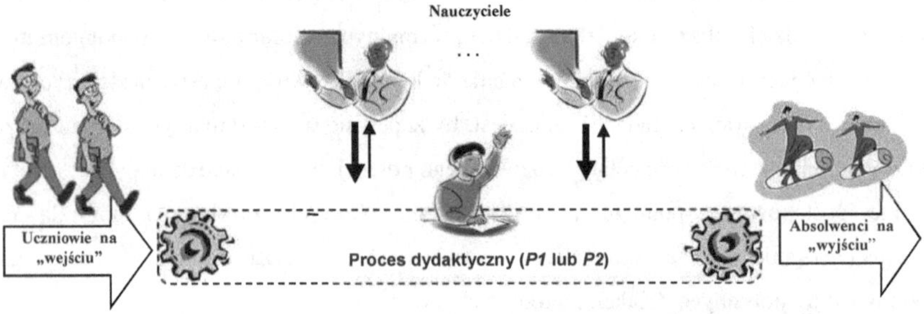

Rys.9. Wirtualna Taśma Produkcyjna jako model procesu edukacyjnego[53]

Należy wyraźnie podkreślić, że na WTP uczniowie są traktowani jako samodzielne istoty ludzkie, które pracują, czują, reagują itp., a nie tak jak u Henrego Forda samochody, do których robotnicy dokręcają koła, czy regulują ich silniki. Między innymi uczniowie nie tylko słuchają wykładów i wypełniają polecenia nauczycieli, co zaznaczono na rys.9 pogrubionymi strzałkami, ale również przekazują informacje zwrotne nauczycielom (strzałki idące w kierunku do nauczycieli), o tym, co jest dla nich niezrozumiałe, co ich zaciekawiło itp. Na podstawie tych informacji zwrotnych nauczyciele mogą do pewnego stopnia modyfikować proces dydaktyczny, w naszym przypadku *P1* lub *P2* np. przez zmianę kolejności wykładów, podkreślenie pewnych jego części, organizowanie powtórek, sprawdzianów itp. Nazywamy to **samoorganizacją** WTP (patrz rys. 10).

[53] Walukiewicz S.: *Trzy modele do analizy kapitału społecznego*, Badania operacyjne i systemowe 2006. Wiedza systemowa dla rozwoju regionów i przedsiębiorstw w Polsce, Exit Warszawa 2006, s. 35.

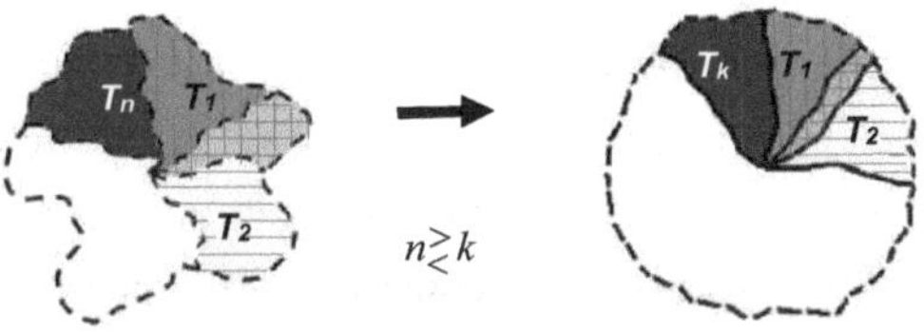

Rys. 10. Podział pracy na WTP

Warto zauważyć, że KTP nie dopuszcza żadnej samoorganizacji, gdyż jest ona rozbiciem złożonego procesu na rozłączne operacje (patrz rys.11).

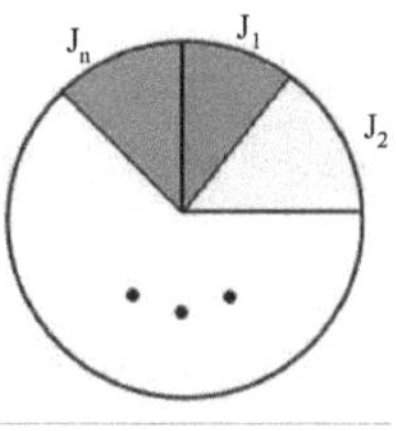

Rys.11. Podział pracy na KTP (*n=const*)

Założono, że na początku procesu dydaktycznego (w roku szkolnym t_0) dzielimy go na *n* przedmiotów $T_1, T_2, \ldots, T_n$ (patrz lewa część rys. 10). Ponieważ np. nie mamy pełnego rozeznania co do wiedzy uczniów na wejściu z poszczególnych przedmiotów, to nasz proces dydaktyczny, jako proces twórczy, daleki jest od idealnego koła, jak to ma miejsce w przypadku rutynowego procesu produkcji tych samych samochodów na KTP (patrz rys. 11). Co więcej granice między poszczególnymi przedmiotami są nieostre (narysowano je falistymi liniami przerywanymi), a treści nauczane na poszczególnych lekcjach powtarzają się, co przedstawia Rys. 10, część wspólna (zakreskowana liniami poziomymi i pionowymi) przedmiotów T_1 oraz T_2. W następnym roku szkolnym t_0+1 lepiej znamy stan wiedzy naszych uczniów i dlatego w prawej części Rys. 10 mamy prawie koło, a granice między poszczególnymi przedmiotami są prawie liniami prostymi. Co więcej, nasze rozeznanie wiedzy uczniów podpowiada nam, iż racjonalnie jest podzielić teraz proces dydaktyczny na *k* przedmiotów $T_1, T_2, \ldots, T_k,$ gdzie *k* jest mniejsze, równe bądź większe niż *n*.

Autorka książki podkreśla, że obrazem procesu dydaktycznego, jako procesu twórczego, nie będzie w ogólnym przypadku idealne koło, które jest obrazem procesu rutynowego (odtwórczego). Podobnie, granice między poszczególnymi przedmiotami, w ogólnym przypadku nie są idealnymi liniami prostymi. Inaczej mówiąc, o ile w przypadku procesu rutynowego (odtwórczego) mamy rozbicie idealnego koła na rozłączne operacje (wycinki tego koła), to w przypadku procesu twórczego mamy podział takiego prawie koła na poszczególne, nie zawsze rozłączne części, co symbolizuje dobrze znany z dydaktyki fakt, iż te same zagadnienia są omawiane na różnych przedmiotach, w zależności od kontekstu kształcenia. Tak więc podział procesu dydaktycznego na poszczególne przedmioty nie jest rozbiciem i odzwierciedla fakt, iż zasadne i racjonalne jest rozważanie pewnych zagadnień z różnych punktów widzenia.

Oddzielnym zagadnieniem jest coraz to powszechniejsze wykorzystanie teleinformatyki (komputerów i Internetu) w edukacji i to zarówno przez nauczycieli, jak i uczniów.

Podsumowując, WTP w edukacji składa się z trzech zasadniczych części:

i) podziału pracy, tj. podziału procesu edukacyjnego na poszczególne przedmioty,
ii) samoorganizacji,
iii) teleinformatyki.

Systemowo można sytuację z rys.9 przedstawić następująco (patrz rys.12):

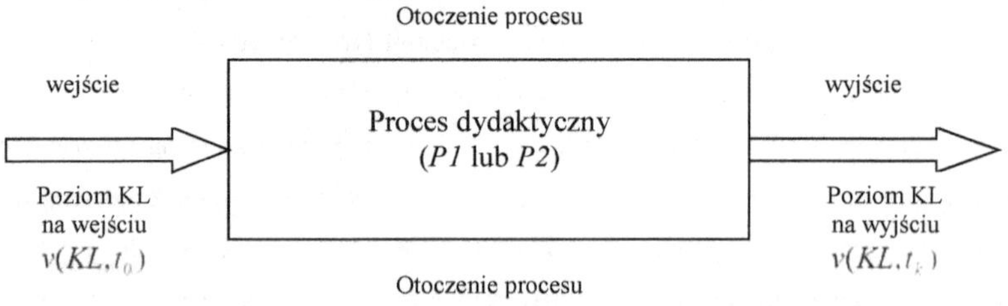

Rys. 12. Systemowe ujęcie procesu dydaktycznego

4.3. Analiza systemowa KL ucznia i KS szkoły

Warto jest także pamiętać, że kapitał ludzki jest własnością człowieka, w tym przypadku ucznia, szkoła jedynie pomaga w rozwoju tego kapitału. Można również zadać pytanie: jaki dokładnie jest wkład placówki oświatowej w rozwój kapitału ludzkiego ucznia w momencie ukończenia szkoły średniej? Przyjmując bardzo duże uproszczenie można powiedzieć, że ten wkład jest równy różnicy wartości kapitału ludzkiego ucznia „na wyjściu" i wartości kapitału ludzkiego „na wejściu". Jest rzeczą oczywistą, że na rozwój ucznia w tym wieku mają istotny wpływ jego rodzice i szeroko rozumiane otoczenie procesu dydaktycznego (patrz. rys.12), ale jeżeli szkoła dobrze współpracuje z rodzicami to możemy przyjąć, że te łączne efekty oddziaływania rodziców i szkoły, możemy przypisać tylko szkole. Możemy więc, w tym pierwszym przybliżeniu założyć, że przyrost kapitału ludzkiego danego ucznia w szkole jest równy różnicy poziomów tego kapitału na wyjściu i na wejściu

$$V(KL) = v(KL, t_k) - v(KL, t_0). \quad (1)$$

Wynika stąd, że znając wartość (poziom) kapitału ludzkiego danego ucznia na wejściu $v(KL, t_0)$ oraz wkład szkoły w rozwój tego kapitału $V(KL)$, możemy wyznaczyć wartość (poziom) kapitału ludzkiego danego absolwenta

$$v(KL, t_k) = v(KL, t_0) + V(KL). \quad (2)$$

Wartość kapitału ludzkiego traktujemy bardzo szeroko, gdyż w różnych etapach życia kapitał ludzki danej osoby przybiera różne wartości, które w sposób bezpośredni nie zawsze da się określić, ale można to przełożyć na status społeczny obywatela np. na jakiej uczelni może kontynuować naukę, jaką ma pracę, jak postrzegany jest w danej społeczności itd.

Tak jak pisano już wcześniej, idealnym rozwiązaniem byłoby, gdybyśmy mogli mierzyć kapitał ludzki w jednostkach monetarnych, tak jak to ma miejsce w przypadku kapitału finansowego, czy materialnego, jednak to jest dzisiaj nieosiągalne. Dlatego w przypadku szacowania wartości kapitału ludzkiego ucznia szkoły ponadgimnazjalnej zaproponowano przyjąć wyniki egzaminów na poszczególnych etapach kształcenia, jako punkt wyjścia do takich oszacowań. Inaczej rzecz ujmując zaproponowano by:

Wkład szkoły w rozwój KL ucznia = wynik maturalny – wynik gimnazjalny. (3)

Dlatego w książce mówimy o poziomie kapitału ludzkiego danego ucznia, a nie o wartości tego kapitału, chociaż nie ulega wątpliwości, że poziom jest wstępem do szacowania tej wartości. Cała procedura przeliczania i wartościowania kapitału ludzkiego ucznia na podstawie wyników egzaminów zostanie przedstawiona w dalszej części pracy (rozdział 5 i 6).

Oczywiście jest to bardzo duże uproszczenie sytuacji, ponieważ zdano sobie sprawę z tego, że wyniki z poszczególnych egzaminów mogą nie oddawać całej złożoności (kompleksowości) kapitału ludzkiego ucznia na różnych szczeblach edukacji. Warto tutaj przytoczyć przykład światowej kuźni menedżerów – Harvard Business School w USA, gdzie poziom kapitału ludzkiego absolwentów mierzymy wysokością proponowanych rocznych wynagrodzeń w pierwszym miejscu pracy.

Pojęcie kapitału ludzkiego, jak pisano wcześniej (rozdział 3), jest bardzo złożone i nie składa się tylko z wiadomości i umiejętności ucznia, które można sprawdzić na egzaminie, ale ten potencjał tworzą również inne czynniki takie jak: kultura osobista, akceptacja społeczna, ambicje, wiara w siebie, stan zdrowia, rozwój fizyczny, przekonania itp. Należy to traktować jako pierwszą przymiarkę do zgrubnego szacowania tego wkładu, które będzie dalej uściślane i rozwijane.

Model Wirtualnej Taśmy Produkcyjnej użyto również do analizy drugiego, bardzo ważnego procesu zachodzącego w szkole, a mianowicie do budowania kapitału społecznego (Proces *P2*). W tym procesie istotnym elementem jest to, że lepsza współpraca, wymiana doświadczeń, zaufanie, talenty pedagogiczne nauczycieli itd., wykorzystywane w procesie kształcenia są fundamentem do tworzenia kapitału społecznego przyszłych obywateli, a tym samym (jak pisano w rozdziale 3.5) do wzrostu gospodarczego kraju.

Proces kształcenia składa się z wielu ściśle, określonych zadań. Można sobie wyobrazić ucznia i jego edukację jako cel zachodzących procesów, na które mają wpływ wszyscy pracownicy szkoły, ich umiejętności, doświadczenie, zaangażowanie, relacje między nimi, ich kultura organizacyjna itp. (patrz rys. 9 i rys. 12). Jednym z elementów procesu dydaktycznego jest kształtowanie **umiejętności ponadprzedmiotowych /kluczowych** zapisanych w każdej podstawie programowej[54] (dla dalszych rozważań wykorzystano, dość obszerny fragment tego Rozporządzenia):

„Nauczyciele tworzą uczniom warunki do nabywania następujących umiejętności kluczowych:

1. *planowania, organizowania i oceniania własnej nauki, przyjmowania za nią coraz większej odpowiedzialności,*
2. *skutecznego porozumiewania się w różnych sytuacjach, prezentacji własnego punktu widzenia i uwzględniania poglądów innych ludzi, poprawnym posługiwaniem się językiem ojczystym, przygotowania do publicznych wystąpień,*
3. *efektywnego współdziałania w zespole i pracy w zespole, budowania więzi międzyludzkich, podejmowania indywidualnych i grupowych decyzji, skutecznego działania zachowania obowiązujących norm,*
4. *rozwiązywanie problemów w sposób twórczy,*
5. *poszukiwania, porządkowania i wykorzystania informacji z różnych źródeł oraz efektywnego posługiwania się technologiami informacyjnymi i komunikacyjnymi,*
6. *odnoszenia się do praktyki zdobytej wiedzy, tworzenia potrzebnych doświadczeń i nawyków oraz efektywnego posługiwania się technologią informacyjną,*
7. *rozwijania sprawności umysłowych oraz osobistych zainteresowań,*
8. *przyswajania sobie metod i technik negocjacyjnego rozwiązywania konfliktów i problemów społecznych."*

Kształcenie umiejętności kluczowych jest więc niczym innym, jak przygotowaniem absolwentów/uczniów do rozwijania kapitału społecznego w przyszłości (proces oznaczony w książce jako *P2*). Nauczyciele, tworząc/rozwijając „własny" kapitał społeczny przekazują go następnym pokoleniom. Umiejętności kluczowe zapisane w każdej podstawie programowej szkoły średniej są odzwierciedleniem podstawowych

[54] Rozporządzenie Ministra Edukacji Narodowej i Sportu z dnia 26 lutego 2002r. w sprawie podstawy programowej wychowania przedszkolnego oraz kształcenia ogólnego (...) dla: szkół podstawowych i gimnazjów, liceów ogólnokształcących, liceów profilowanych i techników, zasadniczych szkół zawodowych, szkół ponadpodstawowych (Dz.U. Nr 51 z 2002r., z póź. zm.).

składników niezbędnych do budowy kapitału społecznego i ludzkiego, np. umiejętność pierwsza czyli planowanie, organizowanie itd. to przecież budowanie kapitału ludzkiego, a pozostałe punkty również można by było szczegółowo rozpisać na elementy składowe do rozwijania kapitału społecznego i ludzkiego ucznia w przyszłości. Kształtowanie umiejętności kluczowych w dużej mierze zależy od poziomu współpracy nauczycieli w zespołach przedmiotowych i międzyprzedmiotowych. W ujęciu systemowym można ten proces przedstawić tak jak na rys.13.

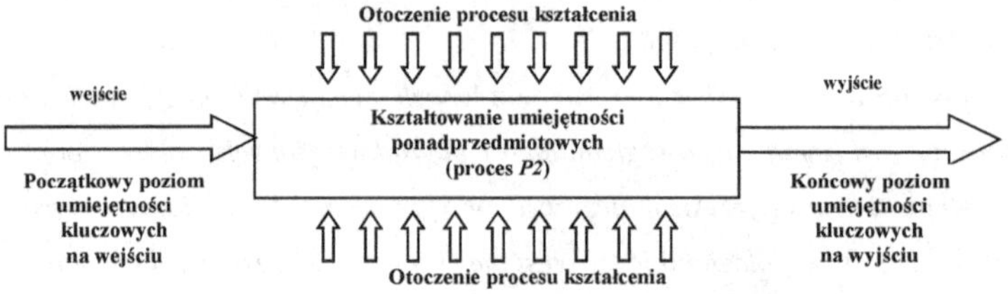

Rys.13. Systemowe ujęcie procesu dydaktycznego *P2*
– kształcenia umiejętności kluczowych

Na poziom kapitału społecznego w szkole wpływają relacje formalne i nieformalne pomiędzy nauczycielami, nauczycielami i rodzicami, nauczycielami i uczniami, nauczycielami i przedstawicielami organu prowadzącego nadzór pedagogiczny itd.. Tworzą one tzw. kulturę organizacyjną szkoły (patrz rys.14).

Rys. 14. Elementy składowe kapitału społecznego [55]

[55] Walukiewicz S.: *Trzy modele do analizy kapitału społecznego*, Badania operacyjne i systemowe 2006. Wiedza systemowa dla rozwoju regionów i przedsiębiorstw w Polsce, Exit Warszawa 2006, s. 35.

Ponieważ możliwości zaistnienia relacji jest bardzo wiele, w książce ograniczono się do badania wpływu relacji nauczyciel – nauczyciel, zdaniem autorki najważniejszej, która wpływa na jakość procesów edukacyjnych/dydaktycznych w szkole, a w szczególności na efektywność kształcenia umiejętności kluczowych ucznia. W rozdziale 7 przyjrzano się dokładnie tym relacjom i ich roli w osiąganiu sukcesu edukacyjnego.

5. POMIAR KAPITAŁU LUDZKIEGO

W książce opisano pomiar poziomu kapitału ludzkiego ucznia szkoły średniej za pomocą dwóch metod. Metoda pierwsza opiera się na modelu regresji liniowej, w metodzie drugiej zastosowano model sztucznej sieci neuronowej. W obu metodach wykorzystywane są wyniki uczniów z egzaminów zewnętrznych, rozpatrywane w kontekście zależności wyniku uzyskanego przez ucznia na wyższym szczeblu edukacji od wyniku uzyskanego przez tego samego ucznia na niższym szczeblu. W celu lepszego zrozumienia założeń jednej i drugiej metody na wstępie omówiono pojęcie znormalizowanej skali wyników uczniów oraz pojęcie Edukacyjnej Wartości Dodanej (EWD).

5.1. Definicja skali znormalizowanej

Na egzaminach zewnętrznych uczeń otrzymuje wynik punktowy (sprawdzian i egzamin gimnazjalny) lub procentowy (matura). Jest to tzw. wynik surowy, którego bez określonego punktu odniesienia nie można interpretować, zatem oceniać, czy to wynik wysoki, czy też niski, dobry czy zły. Dopiero przeniesienie wyników surowych na wspólną skalę pozwala na ustalenie norm, dokonywanie porównań i nadanie wynikom znaczenia oceniającego, tj. określenie, jaka jest np. pozycja wyniku danego ucznia lub danej szkoły względem wyników innych zdających lub szkół.

Z punktu widzenia statystyki normą jest to, co opisywane jest jako zachowanie większości, czy też jako zachowanie średnie lub przeciętne. Inaczej mówiąc, normą jest typowy wynik w teście otrzymany przez określoną grupę badanych osób. Dzięki niemu można ustalić np. rzeczywistą wartość surowego wyniku testowego, uzyskanego przez ucznia w stosunku do wyników otrzymanych przez pozostałe badane osoby, bowiem norma nie oznacza, że test został dobrze rozwiązany, ale opisuje poziom typowego wykonania tegoż testu.

Punktem wyjścia w ich ustalaniu jest rozkład normalny wyników, tzw. krzywa Gaussa-Laplace'a. Do najczęściej spotykanych należą normy standardowe, rangowe lub równoważnikowe[56]. W Polsce do interpretacji wyników egzaminów zewnętrznych najczęściej stosuje się standardową skalę staninową lub pięciostopniową, zaś skala centylowa służy do pozycjonowania osiągnięć ucznia.

Skala staninowa (od ang. standard nine), zwana także standardową dziewiątką, jest skalą dziewięciostopniową, zaproponowaną w 1942 r. przez Joya Paula Guilforda. Wszystkie wyniki surowe dzielimy na 9 staninów (grup), numerowanych od 1 do 9. Staniny wewnętrzne, od drugiego do ósmego, mają jednakową długość, wynoszącą połowę odchylenia standardowego i rozciągają się od $-1{,}75\sigma$ do $+1{,}75\sigma$, gdzie σ jest odchyleniem standardowym (patrz rys.15). Staniny zewnętrzne, pierwszy i dziewiąty, nie mogą być unormowane co do długości, bo muszą zawierać minimalny/najsłabszy i maksymalny/najwyższy wynik na tej skali[57]. Skalę staninową wyników budujemy poprzez uporządkowanie wyników surowych od wyniku najniższego do najwyższego i podzielenie ich na 9 przedziałów, które kolejno zawierają: 4% wyników najniższych, 7% wyników bardzo niskich, 12% wyników niskich, 17% wyników niżej średnich, 20% wyników średnich oraz analogicznie w górę: 17% wyników wyżej średnich, 12% wyników wysokich, 7% wyników bardzo wysokich i 4% wyników najwyższych. Średnia arytmetyczna staninów wynosi 5, a odchylenie standardowe wyników w rozkładzie normalnym wynosi $\sigma = 1{,}96$.

Następnie dla kolejnych staninów wyznacza się przedziały punktowe. Polega to na ustaleniu liczby punktów uzyskanych przez uczniów zdających egzamin w danym roku, którzy uzyskali wynik mieszczący się w danym przedziale (staninie).

[56] Hornowska E.: *Testy psychologiczne*. Teoria i praktyka, Wydawnictwo Naukowe SCHOLAR, Warszawa 2003, s.134
[57] Niemierko B.: *Pomiar wyników* kształcenia, Warszawa 1999, s. 271-272.

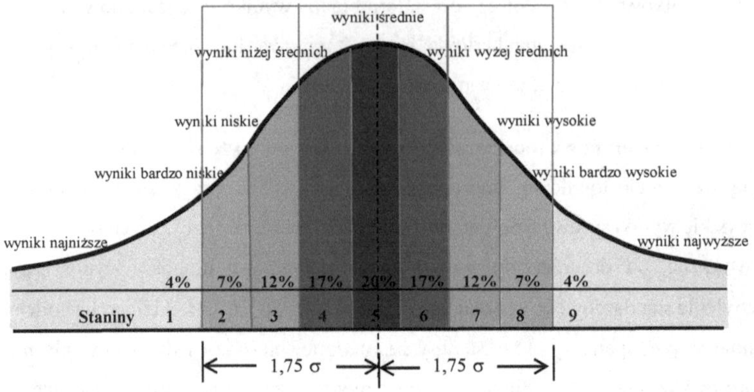

Rys. 15. Rozkład wyników w dziewięciostopniowej (staninowej) skali standardowej

Uczeń może porównać swój wynik z wynikami innych zdających dany przedmiot, czy egzamin w danym roku, np. uczeń z egzaminu gimnazjalnego w części matematyczno – przyrodniczej otrzymał 31 pkt., wynik ten jest w przedziale stanina 6, a więc 60% uczniów uzyskało wynik niższy, 17% wynik porównywalny i 23 % wynik wyższy (patrz rys.16).

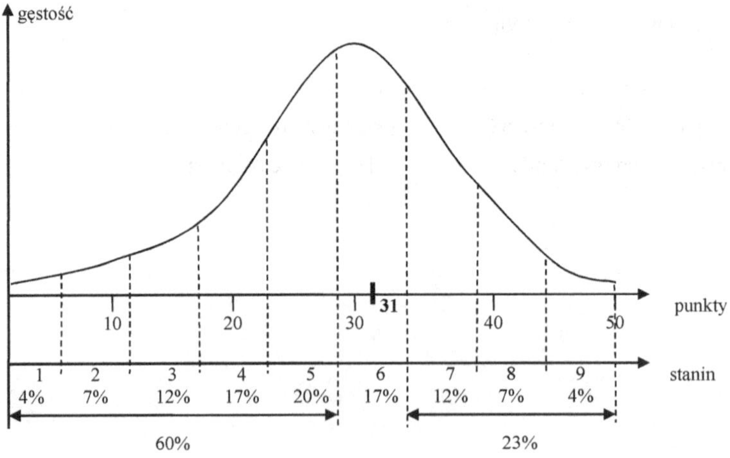

Rys. 16. Przykład interpretacji wyniku surowego

Wyniki egzaminów możemy też prezentować narastająco od najsłabszych do najlepszych (od lewej do prawej na osi x) lub od najlepszych do najsłabszych (od prawej do lewej na osi x). Tak zaprezentowane przedziały wyników pokazują jaki procent uczniów zdał egzamin tak samo jak dany uczeń, jaki procent gorzej, a jaki lepiej. Podaną interpretację wyników egzaminów można również wykorzystać do omawiania wyników szkół (patrz rys.17).

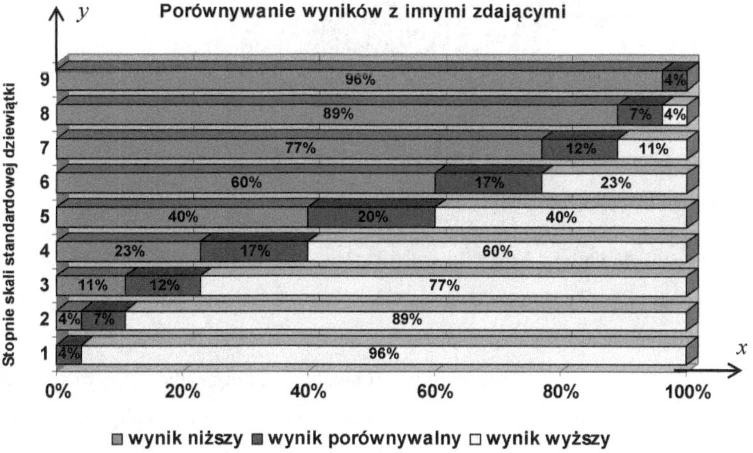

Rys. 17 Porównanie z wynikami innych zdających

Wyniki egzaminów są corocznie normalizowane, dlatego – choć zakresy procentowe dla staninów są stałe – to granice punktowe staninów w poszczególnych latach różnią się między sobą tak, jak różnią się wyniki uczniów lub szkół w danym roczniku, gdyż krzywa Gaussa-Laplace'a może być w danym roku bardziej płaska lub wyostrzona.

Skala pięciostopniowa - podobnie jak skalę staninową, tworzy się pięciostopniową skalę zwaną „standardową piątką". Różnica między skalami polega na tym, że zamiast dziewięciu, tworzy się pięć przedziałów, które kolejno zawierają: 7%, 24%, 38%, 24%, 7% wyników uporządkowanych od wyniku najniższego do najwyższego. Poszczególne stopnie skali charakteryzowane są następująco: niski, niżej średni, średni, wyżej średni, wysoki (patrz rys.18). Średnia w skali pięciostopniowej wynosi 3, a odchylenie standardowe 1,41. Zwykle za pomocą tej skali prezentowane są wyniki do mniejszych zbiorów danych.

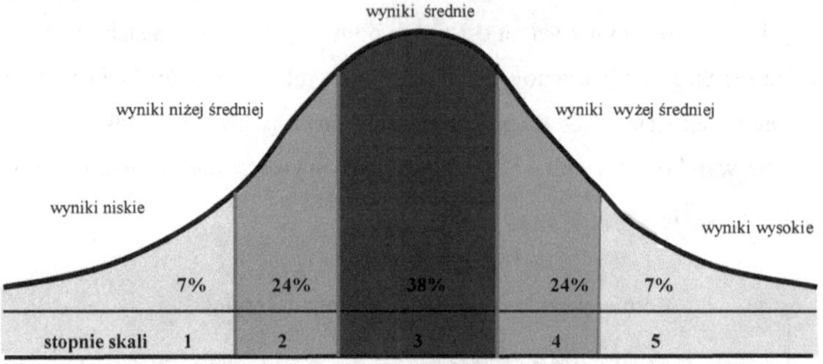

Rys. 18. Rozkład wyników w pięciostopniowej skali standardowej

Należy pamiętać, że przedziały punktowe wyników prezentowane w tej skali, w kolejnych latach będą się zmieniały, podobnie jak w przypadku skali staninowej.

Skala centylowa jest skalą rangową, w której otrzymane wyniki dzielone są na 99 przedziałów (centyli). W celu ustalenia wartości tych przedziałów porządkuje się wyniki wszystkich zdających, od wyniku najniższego do najwyższego, a następnie otrzymany zbiór dzieli się na 100 równych części. Potem określa się granice między tymi częściami na skali wyników i oznacza je jako centyle. Każdy centyl obejmuje około 1% wyników. Ponieważ skala centylowa rozpoczyna się od 0, w całości składa się ona ze 101 jednostek. Środek skali, a więc jego medianę, wyznacza centyl 50. Oznacza to, że powyżej 50 centyla znajdują się wyniki odnoszące się do większego niż przeciętny poziomu wykonania testu, a poniżej do słabszego. Zatem centyl to punkt na skali, poniżej którego leży określony odsetek rozkładu. Mimo że centyl definiowany jest jako odsetek, nie jest tym samym, co wynik procentowy, mówi nam bowiem o odsetku osób, które znajdują się poniżej określonego centylem punktu na skali[58], a nie o poprawności wykonania zadań w teście (patrz rys.19).

[58] Hornowska E.: op. cit., s.146-147.

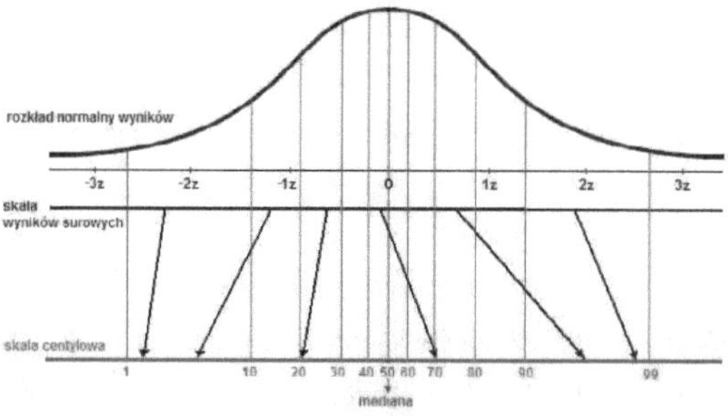

Rys. 19. Związek między centymami a rozkładem normalnym

Numer kolejny najbliższego centyla stanowi rangę centylową danego wyniku, czyli określa procent uczniów o wyniku niższym niż dany wynik. Rangi centylowe są miarami pozycyjnymi osiągnięć uczniów. Wskazują miejsce uczniów w grupie uczniów uporządkowanej według wyników testowania. Należy pamiętać o tym, że pozycja wyniku nie oznacza spełnienia wymagań programowych. Często występującym błędem jest mylenie rang centylowych z procentem rozwiązanych zadań[59].

5.2. Edukacyjna Wartość Dodana

Ponieważ wyniki egzaminów na poszczególnych szczeblach edukacji nie są obliczane według ujednoliconej skali, obejmują rożne zakresy tematyczne i przedmiotowe, to przyjęto, że wyniki danego ucznia na niższym etapie edukacji (gimnazjum) są ogólną miarą jego potencjału edukacyjnego. W następnym kroku użyto tej miary jako prognozy wyniku na egzaminie kolejnego szczebla. Faktycznie uzyskany przez ucznia wynik odniesiono do wartości oczekiwanej i w ten sposób otrzymano wartość dodaną osiągnięć ucznia, a tym samym spróbowano określić wartość jego kapitału ludzkiego.

Pojęcie Edukacyjnej Wartości Dodanej (EWD) wywodzi się z ekonomii, gdzie – w pewnym uproszczeniu – wartość dodana (dodatkowa) to tyle, co przyrost wartości dóbr w wyniku danego procesu produkcyjnego. Dlatego EWD można zdefiniować jako przyrost

[59] Niemierko B.: Pomiar wyników kształcenia, Warszawa 1999, s.267-271.

wiedzy uczniów w wyniku danego procesu edukacyjnego (dydaktycznego). Prawdopodobnie po raz pierwszy pojęcie Edukacyjnej Wartości Dodanej pojawiło się w połowie lat 70 jako realizacja idei oceny szkół (z ang. school accountability). Powszechnie uważa się to za najważniejsze narzędzie analityczne, jakie w naukach pedagogicznych pojawiło się w ostatnich 20 latach.

Wartość dodana osiągnięć ucznia (szkoły, regionu) jest przyrostem osiągnięć w wybranym zakresie programowym w określonym czasie (Niemierko, 2004). Szacuje się ją jako różnicę między wynikiem uzyskanym przez ucznia (szkołę, region) w pomiarze końcowym a wynikiem oczekiwanym na podstawie pomiaru osiągnięć początkowych. Statystycznym modelem takiego porównania jest analiza regresji[60]. Jednakże wskutek rozwoju systemów egzaminów zewnętrznych i masowego publikowania różnych rankingów i „tabel ligowych" szkół na podstawie wyników tych egzaminów, sięgnięcie do problematyki pomiaru EWD stało się konieczne. Szeregowanie szkół wyłącznie na podstawie końcowych osiągnięć uczniów (na „wyjściu" systemu kształcenia) jest oparte na milczącym założeniu, że osiągnięcia początkowe uczniów (na „wejściu" tego systemu) są takie same (jak byłoby przy losowy przydzielaniu kandydatów do tych szkół) lub też na założeniu, że są te stany początkowe bez znaczenia, co oczywiście jest nieuzasadnione.

Przykłady takiej analizy z zastosowaniem skali staninowej (standardowej skali dziewięciostopniowej), której stosowanie zaleca w Polsce Centralna Komisja Egzaminacyjna opisano poniżej.

Na rys.20 krzyżykami przedstawiono wyniki egzaminów maturalnych w roku szkolnym t_k (rok ukończenia szkoły, kiedy daną szkołę opuszczają absolwenci na WTP opisanej w 4.2). I tak punkt *A* reprezentuje ucznia, który w roku t_0 ($t_0 = t_k - 3$ - uczeń liceum lub $t_0 = t_k - 4$ - uczeń technikum) na egzaminie gimnazjalnym uzyskał wynik w staninie 3, a na maturze w roku t_k uzyskał wynik w staninie 5. Prosta *L* jest statystycznym reprezentantem próby (wszystkich krzyżyków na rys. 20) w tym sensie, że suma odległości wszystkich takich punktów od niej jest najmniejsza z możliwych. Nazywa się ją **prostą regresji** i ma ogólną postać $y = ax + b$, a sam proces wyznaczania parametrów a oraz b,

[60] Ferguson, G.A., Takane, Y.: *Analiza statystyczna w psychologii i pedagogice*, Warszawa: Wydawnictwo Naukowe PWN, 1997, rozdz. 8

który opisano dalej, nazywa się regresją liniową. Regresja liniowa jest najprostszą i najczęściej stosowaną metodą w statystyce (statystycznej analizie danych).

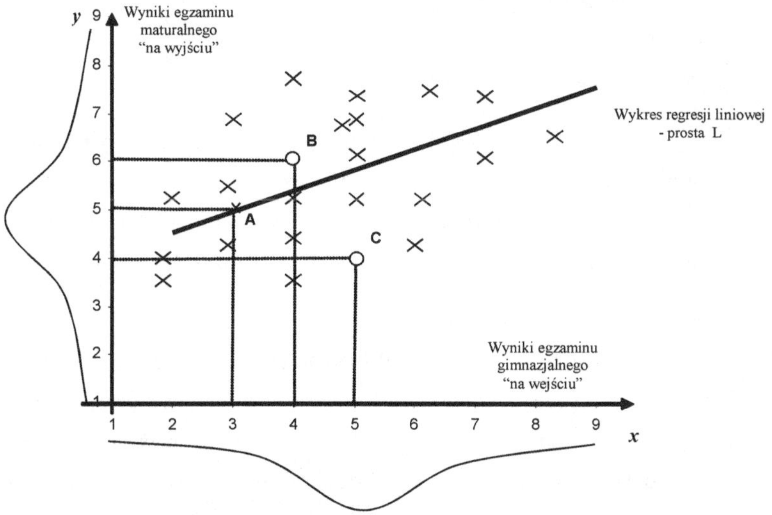

Rys. 20. Przykład zastosowania regresji liniowej do analizy wyników matury w roku szkolnym t_k

Z rys. 20 odczytujemy, iż uczeń *B* (zaznaczony kółeczkiem), który w roku t_0 zdał egzamin gimnazjalny w staninie 4 , na maturze w roku t_k uzyskał wynik w staninie 6, a więc wynik lepszy niż wynika to z prostej regresji, natomiast uczeń *C*, odwrotnie. Inaczej mówiąc uczeń *B* uzyskał wynik ponad statystycznie oczekiwany, a uczeń *C* wynik poniżej statystycznie oczekiwanego. Uczeń *A* wypadł na egzaminie maturalnym dokładnie tak, jak tego oczekiwano, jego wynik znajduje się na linii regresji *L*.

Ogólna idea Edukacyjnej Wartości Dodanej była konkretyzowana na wiele sposobów. Wśród nich wyróżniono dwa podstawowe rozumienia. Proste rozumienie wartości dodanej odnosi się do idei postępu uczniów w nauce, czyli uwzględniania w szacunkach efektywności szkoły w zależności początkowego stanu osiągnięć szkolnych uczniów. Rozbudowane rozumienie tego terminu nie zadawala się zależnością stanu końcowego od początkowego i sięga do koncepcji wykorzystania wszystkich zasobów, którymi dysponuje szkoła.

Zacznijmy od prostego rozumienia Edukacyjnej Wartości Dodanej. Można wyróżnić dwa typy prostych wskaźników wartości dodanej:

– wskaźniki bezwzględne.

– wskaźniki względne.

Pierwszy typ to wskaźniki bezwzględne. Wymagają one, by pomiar osiągnięć na różnych etapach kształcenia był zawsze wykonywany za pomocą tych samych skal pomiarowych. Jeżeli na przykład dysponowano by skalą do pomiaru rozumienia czytanych tekstów, która umożliwiałaby pomiar w grupie uczniów od I do VI klasy, to w dowolnym momencie edukacji można by szacować wartość dodaną w tym zakresie.

Drugi typ to wskaźniki względne. Jeżeli pomiary osiągnięć szkolnych nie są dokonywane na ujednoliconych skalach, można jedynie przyjąć, że wynik na egzaminie na niższym szczeblu jest ogólną miarą potencjału edukacyjnego. W następnym kroku użyto tej miary jako wskaźnika, zmiennej w szacunku wyniku na egzaminie kolejnego szczebla. Faktycznie uzyskany przez ucznia wynik odniesiono do wartości oczekiwanej i w ten sposób otrzymano oszacowanie wartości dodanej na danym szczeblu kształcenia. Średnia tak obliczonych wskaźników dla danej szkoły jest wskaźnikiem efektywności nauczania w zakresie sprawdzanym przez egzamin.

Względny charakter wskaźnika sprawia, że poprawa jakości nauczania jest grą o sumie zerowej: dana szkoła może uzyskać wyższy wynik mierzony wartością dodaną tylko o tyle, o ile inne szkoły/szkoła uzyskają niższe wyniki. Teoretycznie może się zdarzyć, że szkoła podejmuje skuteczne działania naprawcze, ale wynik w kolejnej edycji egzaminu jest niższy, bo inne szkoły postarały się jeszcze bardziej.

Metoda Edukacyjnej Wartości Dodanej jest narzędziem polityki oświatowej. Może być rozpatrywana w ogólnym kontekście polityki poprawiania jakości oświaty przez mechanizmy oceniania szkoły na podstawie wymiernych wskaźników oraz wszędzie tam, gdzie tworzy się rynek usług edukacyjnych i szkoły zaczynają ze sobą konkurować.

W tym punkcie autorka wyraźnie podkreśla różnicę między Edukacyjna Wartością Dodaną (EWD) a wkładem szkoły w rozwój kapitału ludzkiego ucznia, zdefiniowanym we wzorze (3) w rozdziale 4.3. **Edukacyjna Wartość Dodana** jest zwykle definiowana jako **przyrost wiedzy rozważanego ucznia w wyniku danego procesu edukacyjnego** (Dolata, 2007, s.2), podczas gdy **wkład szkoły w rozwój kapitału ludzkiego ucznia to różnica w poziomach tego kapitału na „wyjściu" i „wejściu" danego procesu edukacyjnego** (patrz (3)). Ta definicja jest bardziej ogólna niż określenie EWD, gdyż wiedza (przyrost wiedzy) jest istotnym, ale nie jedynym elementem kapitału ludzkiego ucznia, ponieważ na niego składają się oprócz wiedzy, umiejętności, doświadczenie, system wartości, wiara w siebie, zdrowie itp. Oczywiście, dziś tych dodatkowych elementów nie mierzymy i generalnie rzecz biorąc, nie potrafimy mierzyć, ale w przekonaniu autorki książki, w miarę rozwoju diagnostyki edukacyjnej będą one w coraz to większym stopniu uwzględniane we wzorze (3). Podsumowując, chociaż dziś z uwagi na dostępne dane, wkład szkoły (3) nie różni się od EWD, dlatego dalej użyto tego pierwszego terminu.

5.3. Metoda 1 – pomiar KL ucznia z wykorzystaniem regresji liniowej

Wartość dodana osiągnięć ucznia (szkoły, regionu, itp.) jest przyrostem osiągnięć w wybranym zakresie programowym w określonym czasie. Szacuje się ją jako różnicę między wynikiem uzyskanym przez ucznia w pomiarze końcowym, a wynikiem oczekiwanym na podstawie pomiaru osiągnięć początkowych. Rys.21 przedstawia najprostszy model obliczania wartości dodanej z zastosowaniem skali staninowej dla wyników maturalnych i gimnazjalnych. Standaryzowano wyniki surowe obydwu egzaminów i odniesiono je do wartości oczekiwanej. Metodę przeliczania wyników cząstkowych egzaminu maturalnego na wynik ogólny (końcowy) omówiono w następnym podrozdziale.

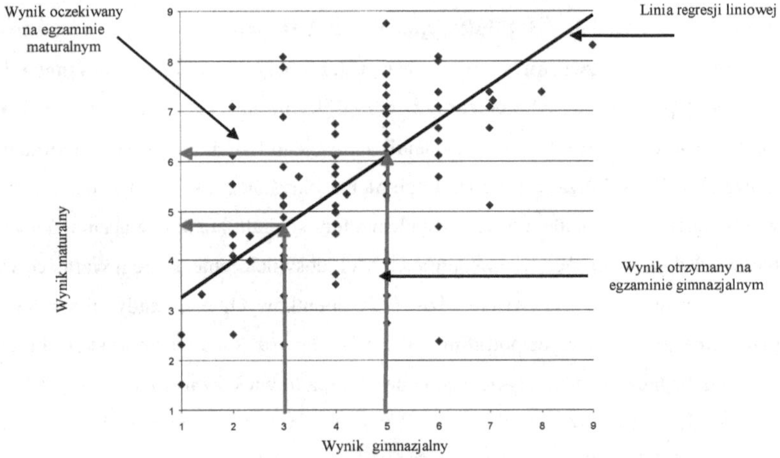

Rys.21. Model pomiaru wartości dodanej wyniku maturalnego na podstawie wyniku gimnazjalnego

Obliczanie Edukacyjnej Wartości Dodanej (EWD) wymaga:

1. Sprawdzenia kształtu i siły związku między wynikiem gimnazjalnym a wynikiem maturalnym.
2. Wyznaczenia równania regresji i wykorzystania go do obliczenia wyniku oczekiwanego dla każdego ucznia.
3. Obliczenia dla każdego ucznia Edukacyjnej Wartości Dodanej (EWD) według wzoru (4)

EWD = wynik ucznia na maturze – wynik oczekiwany, jako funkcja jego wyniku na egzaminie gimnazjalnym. (4)

Wartość dodana może być dodatnia, w przypadku, kiedy uczeń na egzaminie końcowym wypadnie lepiej niż oczekiwano, ale może być ujemna w przypadku, kiedy uczeń wypadnie gorzej niż oczekiwano, bądź równa zeru wówczas, gdy uczeń wypadnie dokładnie tak jak oczekiwano.

Niżej podano bardziej sformalizowany opis tej metody, która opiera się na następujących założeniach.

Założenia do Metody 1:

1. Pomiędzy wynikami wstępnymi $v(KL,t_0)$ (egzamin gimnazjalny), a wynikami końcowymi $v(KL,t_k)$ (matura) istnieje zależność liniowa.
2. Skale pomiarów na egzaminie gimnazjalnym w chwili t_0 i na maturze w chwili t_k są różne.
3. Przy standaryzacji wyników egzaminów, brano pod uwagę wynik odczytany w skali staninowej z roku, w którym uczeń zdawał ten egzamin (patrz rys.21).
4. Stanin końcowy – wynik „na wyjściu" przyjęto jako średnią arytmetyczną wyników maturalnych z poszczególnych przedmiotów odczytanych na skali staninowej, jest obliczany według następującego wzoru:

$$v(KL,t_k) = \frac{\sum_{i=1}^{s} p_i(KL,t_k)}{s}, \qquad (5)$$

gdzie: $p_i(KL,t_k)$ - stanin wyników maturalnych z poszczególnych przedmiotów p_i, natomiast s jest liczbą przedmiotów.

Ze względu na złożoność egzaminu maturalnego, jego podział na część pisemną i ustną oraz na poziom podstawowy i rozszerzony, jak również z uwagi na możliwość wyboru przedmiotów obowiązkowych i dodatkowych, przyjęto następującą zasadę: ponieważ o zdaniu egzaminu maturalnego decydują wyniki tylko 3 przedmiotów (język polski, język obcy i wybrany przedmiot obowiązkowy), to zaproponowano w pierwszym przybliżeniu przyjąć do obliczeń poziomu przyrostu kapitału ludzkiego ucznia wyniki tylko z tych właśnie 3 przedmiotów, które zdawane były w części pisemnej i zostały odczytane w skali znormalizowanej. Na przykład, jeżeli dany uczeń uzyskał na egzaminach pisemnych następujące wyniki: język polski 34% - stanin 3, język angielski 39% - stanin 3, geografia 67% - stanin 6, to średni stanin z obowiązkowych przedmiotów wynosi 4. W obliczeniach EWD, a tym samym w obliczeniach $V(KL)$ wyniki maturalne i gimnazjalne muszą być porównywalne, tzn. bazować na tych samych założeniach. Dlatego porównano maturalne przedmioty obowiązkowe z gimnazjalnymi przedmiotami obowiązkowymi, pisemne z pisemnymi. W obliczeniach tych zaproponowano pominąć wyniki maturalnych egzaminów ustnych, gdyż na egzaminie gimnazjalnym one nie występują. Warto zauważyć, że przy rekrutacji na wyższe uczelnie wyniki egzaminów ustnych bardzo rzadko są brane pod uwagę.

Gdy przekształcimy obydwa zbiory wyników surowych na rozkłady staninowe, możemy obliczyć Edukacyjną Wartość Dodaną (4), którą w naszych rozważaniach będziemy traktować jako $V(KL)$ - wkład szkoły w rozwój kapitału ludzkiego danego ucznia lub przyrost jego kapitału ludzkiego w danej szkole. Obliczono go według następującego wzoru:

$$V(KL) = v(KL,t_k) - \lfloor (v(KL,t_0) - 5)r + 5 \rfloor, \qquad (6)$$

gdzie: r - współczynnik korelacji Pearsona wyników wstępnych i końcowych. Liczba 5 we wzorze (6) jest średnim staninem zarówno wyników początkowych (egzamin gimnazjalny), jak też końcowych (matura).

Zauważmy, że w nawiasie kwadratowym w (6) jest podany wynik (stanin) oczekiwany danego ucznia.

Jak wiadomo ze statystyki[61] wzór na współczynnik korelacji Pearsona jest następujący:

$$r = \frac{\sum_{i=1}^{n}\left((v(KL,t_0) - \overline{v(KL,t_0)})(v(KL,t_k) - \overline{v(KL,t_k)})\right)}{\sqrt{\sum_{i=1}^{n}\left((v(KL,t_0) - \overline{v(KL,t_0)})\right)^2 \left((v(KL,t_k) - \overline{v(KL,t_k)})\right)^2}}, \qquad (7)$$

gdzie: n - oznacza liczbę uczniów np. klasy, szkoły lub w badanej populacji, natomiast $\overline{v(KL,t_0)}$ $\left(\overline{v(KL,t_k)}\right)$ - oznacza średni wynik staninowy uzyskany na wejściu (wyjściu) dla badanej populacji.

---

[61] Luszniewicz A., Słaby T.: *Statystyka. Teoria i zastosowanie*. C.H. Beck, Warszawa 2003, s. 224.

Wszystkie niezbędne obliczenia można wykonać w arkuszu kalkulacyjnym, wykorzystując odpowiednio wbudowane i gotowe formuły.

Zależność (6) jest oczywiście zależnością liniową wyników egzaminów maturalnych mierzonych po osi y a wyników egzaminów gimnazjalnych mierzonych po osi x (patrz rys.22).

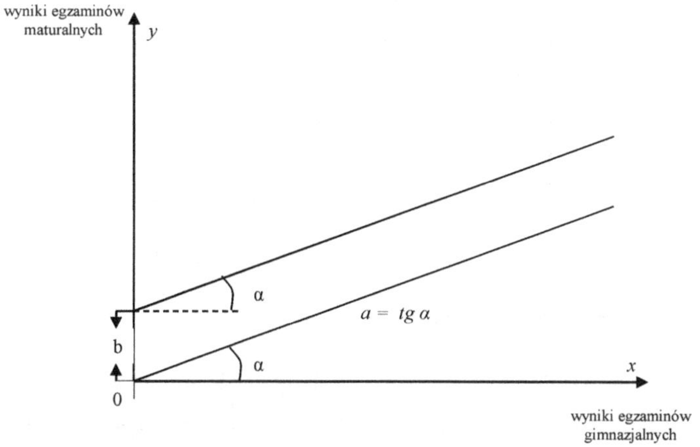

Rys. 22. Graficzna interpretacja zależności (6).

Ogólne równanie prostej w przestrzeni $x0y$ ma postać $y = ax + b$. Zależność (6) przepisano jako:

$$v(KL,t_k) = r[(v(KL,t_0) - 5)] + V(KL) + 5. \tag{8}$$

Wprowadzając dodatkowe oznaczenie:

$y = v(KL,t_k) - 5$, co oznacza, że wartość średnia wyników egzaminów maturalnych na osi y jest teraz równa 0;

$x = v(KL,t_0) - 5$ - co oznacza, że wartość średnia wyników egzaminu gimnazjalnego na osi x jest równe 0.

Otrzymano z zależności (6):

$$y = rx + v(KL), \quad (9)$$

tj. $a = r$, $b = v(KL)$. Z geometrii analitycznej wiadomo, że r obliczone zgodnie z (7) jest równe tg kąta α (patrz rys.22), $a = tg\alpha$.

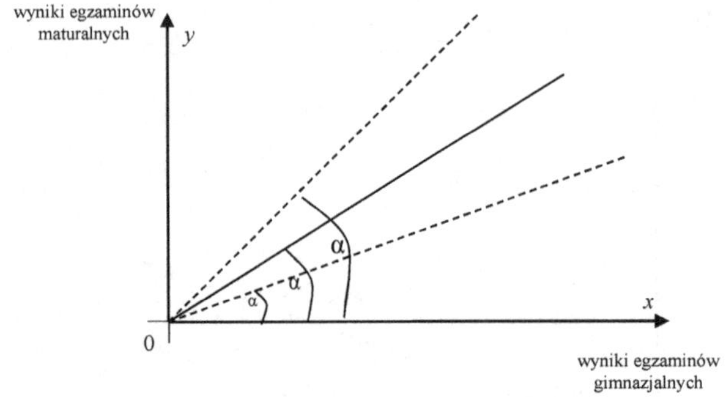

Rys.23. Zmiana kąta α, w zależności od porównania wyniku ucznia.

Różny kąt nachylenia prostej zależy od tego, czy wynik ucznia porównywany jest z wynikiem klasy, szkoły regionu lub kraju (patrz rys.23). Uczeń może bardzo dobrze wypaść na tle klasy, ale już niekoniecznie dobrze na tle kraju. Sytuacja może być również zupełnie odwrotna, czyli uczeń uzyskał wynik średni w stosunku do pozostałych uczniów danej klasy, ale mógł uzyskać bardzo dobry wynik w porównaniu do wszystkich swoich rówieśników z kraju. Zaproponowano, aby poziom przyrostu kapitału ludzkiego danego ucznia $V(KL)$ - wkład szkoły, również oceniać, interpretować w dziewięciostopniowej skali (patrz Tab.1).

Należy jednak pamiętać, że wynik odczytany z Tabeli 1 określa zawsze poziomkapitału ludzkiego danego ucznia w stosunku do badanej populacji, czyli klasy szkoły, okręgu, województwa lub kraju. Wyniki z obliczeń zaokrąglono do jednego miejsca po przecinku, np.: wynik V(KL)= 2,56 zaokrąglono do wyniku 2,6 i odczytano jako bardzo wysoki wzrost poziomu kapitału ludzkiego ucznia.

Tabela 1. Interpretacja przyrostu poziomu kapitału ludzkiego ucznia $V(KL)$

Wynik V(KL)		Interpretacja przyrostu poziomu kapitału ludzkiego $V(KL)$
od	do	
poniżej i	-3,6	Najniższy poziom
-3,5	-2,6	Bardzo niski poziom
-2,5	-1,6	Niski poziom
-1,5	-0,6	Poniżej średniego poziomu
-0,5	0,5	Średni poziom
0,6	1,5	Powyżej średniego poziomu
1,6	2,5	Wysoki poziom
2,6	3,5	Bardzo wysoki poziom
powyżej i	3,6	Najwyższy poziom

Na zakończenie rozważań podano sformalizowany opis metody regresji liniowej.

Metoda 1 – metoda regresji liniowej.

Krok 1: Dla każdego ucznia obliczono wg wzoru (5) średnią arytmetyczną staninów poszczególnych przedmiotów „na wyjściu".

Krok 2: Dla badanej populacji uczniów obliczono wg wzoru (7) współczynnik korelacji Pearsona.

Krok 3: Dla każdego ucznia obliczono wg wzoru (6) przyrost poziomu kapitału ludzkiego (KL).

Krok 4: Interpretacja wyników z Kroku 3 za pomocą Tabeli 1.

5.3.1. Przykład szacowania przyrostu poziomu KL ucznia Metodą 1

W przykładzie rozważono populację 180 uczniów klas maturalnych wybranej szkoły licealnej, wśród których uczeń X zdawał egzamin gimnazjalny w 2004 r., a trzy lata później w 2007 r. egzamin maturalny. Mamy więc t_0 = 2004, t_k = 2007. Z egzaminu gimnazjalnego łącznie uzyskał z części humanistycznej 32pkt. (stanin 4) i z części matematyczno - przyrodniczej 23pkt. (stanin 2). Wtedy średni stanin z obu części wynosi 3. Na egzaminie maturalnym uczeń uzyskał następujące wyniki: z języka polskiego 49% (stanin 4), z języka obcego 72% (stanin 6), z przedmiotu obowiązkowego 45% (stanin 5). Wszystkie wyniki odczytane są w skali staninowej dla wyników krajowych i odpowiedniego roku, w którym uczeń X zdawał egzamin.

Krok 1: Obliczono wynik „na wyjściu" jako średnią arytmetyczną staninów z poszczególnych przedmiotów $p_i(KL,2007)$ według wzoru (5)

$$v(KL,2007) = \frac{4+6+5}{3} = 5.$$

Podobne obliczenia wykonano dla każdego ze 180 uczniów klas maturalnych rozważanej szkoły.

Krok 2: Sprawdzono kształt (z założenia liniowy) i siłę związku między wynikiem uzyskanym przez ucznia na sprawdzianie gimnazjalnym $v(KL,2004)$ i wynikiem na egzaminie maturalnym $v(KL,2007)$. Odpowiednie obliczenia pozwalają wyznaczyć równanie regresji łączce oba wyniki. Obliczono współczynnik korelacji Pearsona wyników wstępnych i końcowych dla grupy 180 uczniów klas maturalnych danej szkoły ze wzoru (7) i otrzymano $r = 0{,}646$. Wartość $r = 0{,}646$ wskazuje, że siła związku, korelacja między wynikami końcowymi i początkowymi jest istotna, co jeszcze raz dowodzi, iż wyniki „na wyjściu" silnie zależą, są skorelowane z wynikami „na wejściu".

Krok 3: Obliczono przyrost poziomu kapitału ludzkiego $V(KL)$ ucznia X ze wzoru (6)

$$V(KL) = 5 - [(3-5)\cdot 0{,}646 + 5] = 5 - 3{,}708 = 1{,}292.$$

Przy czym wynik gimnazjalny „na wejściu" wynosi $v(KL,2004)$=3, wynik maturalny „na wyjściu" wynosi $v(KL,2007)$=5, a wynik maturalny oczekiwany 3,708. Stąd przyrost poziomu kapitału ludzkiego ucznia X wynosi $V(KL)$=1,292.

Krok 4: Odczytano opis słowny, czyli ocenę przyrostu poziomu kapitału ludzkiego ucznia X z Tabeli 1. $V(KL) = 1{,}29$ (zaokrąglony do jednego miejsca po przecinku daje 1,3). Jest to wynik, który mieści się w przedziale od 0,6 do 1,5, czyli sklasyfikowany jest jako wynik wyższy od średniego poziomu kapitału ludzkiego w porównaniu do innych uczniów badanej populacji (patrz rys.24 i rys. 25).

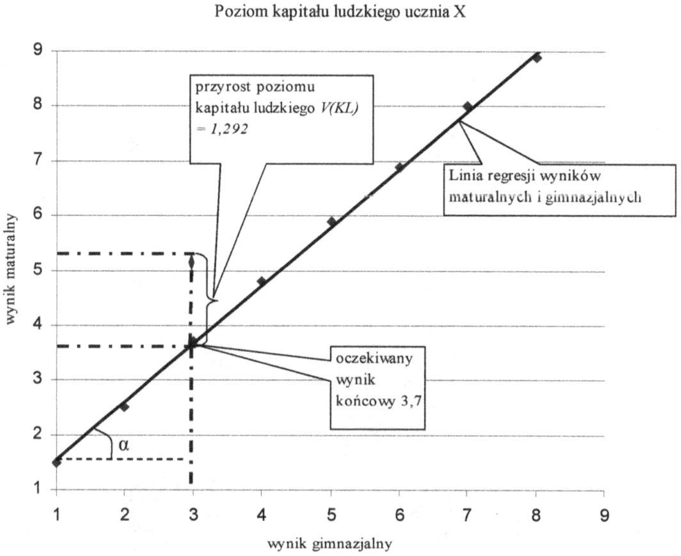

Rys.24. Graficzna interpretacja poziomu kapitału ludzkiego ucznia X szacowanego na podstawie wyników egzaminów gimnazjalnego i maturalnego

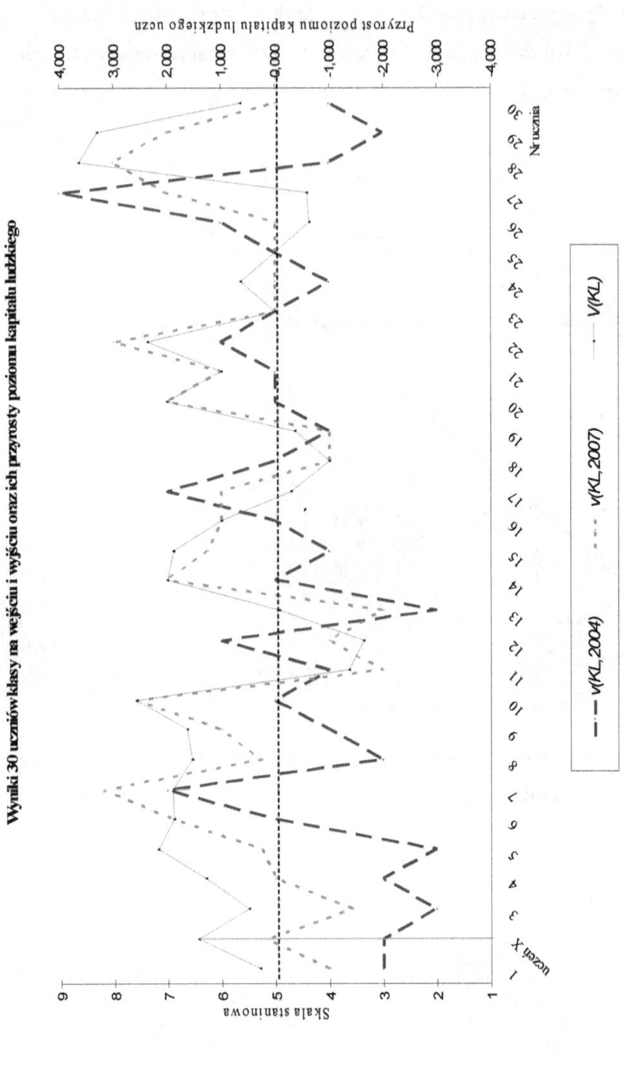

Rys.25. Graficzna interpretacja pomiaru $V(KL)$ (fragment badań)

Na podstawie tego przykładu można sformułować kilka ogólnych wniosków: W polskich mediach po ogłoszeniu wyników egzaminów zewnętrznych na wszystkich poziomach edukacji ukazują się różnorodne porównania i „rankingi" szkół na podstawie tylko średnich wyników końcowych dla miasta, regionu czy kraju. W porównaniach wnioski nasuwają się automatycznie: niska średnia, to słaba szkoła, wysoka średnia – świetna szkoła. Taka prosta interpretacja wyników surowych jest krzywdząca dla wielu szkół i uczniów, ponieważ prezentowane dane nie pokazują postępów i wysiłku nauczycieli, uczniów oraz wkładu szkoły w podnoszeniu poziomu edukacyjnego. W porównaniach uczeń nie jest w stanie ocenić, jak zmienił się poziom jego kapitału ludzkiego w tej szkole. Wykorzystanie powyższego modelu do szacowania zmian poziomu kapitału ludzkiego ucznia umożliwi formułowanie właściwych wniosków zarówno w stosunku do danego ucznia, jak i co do oceny pracy nauczycieli oraz całej szkoły. Takie szczegółowe analizy mogą być pomocne w ocenie pracy nauczycieli, całych zespołów przedmiotowych oraz szkoły jako jednostki realizującej proces dydaktyczny, w tym przypadku proces *P1*.

W stosunku do naszego ucznia X zaproponowano pewną analizę (ocenę) wyników szacowania jego kapitału ludzkiego:

- ocena poziomu kapitału ludzkiego ucznia X ($V(KL) = 1{,}3$) mieści się na poziomie wyżej niż średnim;
- wynik ten świadczyć może o tym, że wkład (wysiłek) ucznia i szkoły w zdobywaniu wiadomości i umiejętności jest wyżej niż średni;
- przyjmując bardzo duże uproszczenie można powiedzieć, że przygotowanie ucznia X do kontynuowania dalszej ścieżki edukacyjnej lub rozpoczęcia kariery zawodowej kształtuje się na wyżej niż średnim poziomie w porównaniu do innych kandydatów ubiegających się np. o indeksy na uczelnie wyższe lub o pracę.

Zauważmy jeszcze, że powyższa metodologia jest przykładem analizy nakładów i efektów lub też analizą typu wejście – wyjście. Analiza ta odpowiada na pytanie, jak wiele trudu, wysiłku nauczycieli, uczniów wymagało przejście ze stanu początkowego $v(KL,t_o)$ do stanu końcowego $v(KL,t_k)$. Na potrzebę takiej analizy nakładów i efektów zwracano uwagę w wielu publikacjach (np. Szmigiel „*Wykorzystanie edukacyjnej wartości dodanej w lokalnej polityce oświatowej*", OKE w Krakowie, 2008; Dolata „*Edukacyjna wartość dodana, czyli jak wykorzystać wyniki egzaminów zewnętrznych do oceny efektywności nauczania*", CODN, Dyrektorzy e-czytelnia, 2007; Niemierko „*Wartość dodana osiągnięć uczniów, szkół i regionów*". Studium wstępne do wykorzystania w CKE, Biuletyny Badawcze Nr3/2005 oraz Nr 8/2006).

6. ZASTOSOWANIE SZTUCZNYCH SIECI NEURONOWYCH DO POMIARU KAPITAŁU LUDZKIEGO

W założeniach Metody 1 przyjęto zależność liniową pomiędzy wynikami gimnazjalnymi i maturalnymi. Z badań autorki wynika jednak, że nie we wszystkich przypadkach, zbiorowościach, klasach, szkołach, czy regionach, ta zależność zachodzi. Metoda 1 ma dużą zaletę – jest prosta, ale sposób pomiaru poziomu kapitału ludzkiego ucznia powinien być bardziej uniwersalny. Dlatego w książce zaproponowano eksploracyjną metodę analizy danych, a dokładniej mówiąc wykorzystanie sztucznych sieci neuronowych do takiej analizy.

6.1. Wstęp do sieci neuronowych

Sztuczna sieć neuronowa (SSN) to ogólna nazwa struktur matematycznych oraz ich programowych lub sprzętowych modeli, realizujących obliczenia lub przetwarzanie sygnałów poprzez zbiór elementów, zwanych sztucznymi neuronami, które wykonują pewną podstawową operację z sygnałami/informacjami wejściowymi. Jednym z głównych czynników mających wpływ na duże zainteresowanie SSN, jest możliwość ich stosowania w bardzo wielu dziedzinach życia do rozwiązywania problemów, gdzie użycie innych metod jest trudne lub wręcz dzisiaj niemożliwe. Znakomicie sprawdzają się one w problemach klasyfikacji, predykcji, związanych ze sterowaniem, analizą danych, itp.

Przygotowanie sieci do pracy jest dwuetapowe. Pierwszym z nich jest proces uczenia, w którym sieć uczy się na podstawie danych empirycznych jak reagować na zadany bodziec/sygnał. Gdy sieć zostanie nauczona/wytrenowana można przejść do drugiego etapu – procesu egzaminowania, podając na jej wejścia dowolne sygnały, które sieć powinna rozpoznać lub zaklasyfikować.

6.2. Historia rozwoju sztucznych sieci neuronowych

Prace nad poznaniem procesów zachodzących w mózgu, które mają wpływ na sposób jego działania, były prowadzone od bardzo dawna przez wielu badaczy z całego świata. Przemyślenia te były też podwaliną prac nad SSN. Za początek sztucznych sieci neuronowych przyjmuje się przedstawienie matematycznego modelu neuronu przez Warrena McCulloch'a i Waltera Pitts'a w 1943 roku, które stało się inspiracją dla wielu późniejszych badaczy. W 1949 roku Donald Hebb odkrył, że informacja może być przechowywana jako wartość wag pomiędzy połączeniami poszczególnych neuronów i zaproponował pierwszy algorytm uczenia takiej sieci. Polegał on na zmianach wag połączeń - później został on nazwany regułą Hebba. Pierwszą znaną i opisaną, działającą siecią neuronową był perceptron, opracowany przez Franka Rossenblatt'a w 1957 roku w Cornell Aeronautical Laboratory. W 1960 roku powstała struktura Adaline, na którą składał się pojedynczy element liniowy. Jej twórcą był Bernard Widrow ze Standford University. Element Adaline po rozbudowaniu o kolejne elementy połączone ze sobą tworzyła sieć Madaline[62].

Początkowe gwałtowne zainteresowanie i postęp w tej dziedzinie został ostudzony w latach 70-tych przez publikację pracy Marvina Minsky-ego i Seymoura Paperta w 1969 r., która dowodziła, że sieć składająca się z jednej warstwy liniowej ma bardzo ograniczone możliwości. Pomimo tego powstawało wiele nowych pomysłów i modeli sieci. Można tu wymienić sieć Cerebellatron Davida Mara (sterowanie robotem) oraz działająca jak pamięć asocjacyjną Brain in the Box Jamesa Andersona z 1977 r.

Zastój w badaniach nad SSN został przełamany po publikacji algorytmu uczenia wielowarstwowej nieliniowej sieci neuronowej. Metoda wstecznej propagacji błędów została po raz pierwszy opisana przez Paula Werbosa w 1974 roku, jednak jej popularyzacja nastąpiła dopiero w 1986 roku za sprawą Davida Rumelharta. To umożliwiło konstruowanie wielowarstwowych nieliniowych sieci neuronowych i ich skuteczne uczenie. Spowodowało to powrót zainteresowania sieciami neuronowymi i dalszy szybki ich rozwój.

[62] Tadeusiewicz R.: *Sieci neuronowe*, Akademicka Oficyna Wydawnicza, Warszawa,1993, str. 8.

6.3. Biologiczne inspiracje SSN

Sieci neuronowe są sztucznymi strukturami, których budowa i działanie zostały zaprojektowane w sposób modelujący działanie naturalnego układu nerwowego, w szczególności mózgu. Mózg składa się z komórek nerwowych zwanych neuronami, pomiędzy którymi znajdują się cieniutkie połączenia - tzw. aksony. W powiększeniu fragment mózgu wygląda jak drobna sieć, której węzłami są neurony (patrz rys. 26).

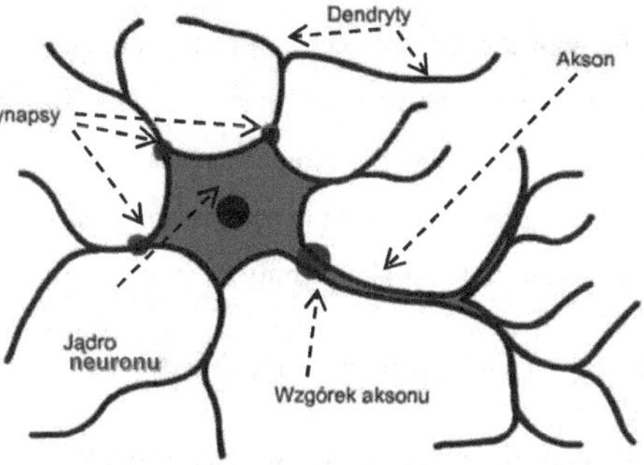

Rys. 26. Budowa pojedynczego neuronu[63]

Mózg składa się z około 10 miliardów elementarnych komórek nerwowych nazywanych neuronami. Tworzą one bardzo skomplikowane sieci powiązań między sobą. Neurony w mózgu pracują równolegle. Składają się one z następujących części:

- Dendrytów - biologiczne neurony mają ich tysiące; dendryty dochodzą do neuronów poprzez synapsy - nośnik pamięci, biochemiczne złącze, modyfikujące sygnały.
- Jądra - "centrum obliczeniowego" neuronu; to tutaj zachodzą procesy kluczowe dla funkcjonowania neuronu.
- Aksonu - "wyjście" neuronu, za jego pośrednictwem neuron powiadamia świat zewnętrzny o swojej reakcji na dane wejściowe. Neuron ma tylko jeden akson, rozpoczynający się wzgórkiem aksonu - stąd wysyłany jest sygnał wyjściowy, który wędruje dalej poprzez akson i przechodzi w następne dendryty.

[63] Tadeusiewicz R.: *Elementarne wprowadzenie do techniki sieci neuronowych z przykładowymi programami*, Akademicka Oficyna Wydawnicza, Warszawa 1998, str. 23.

Na podstawie budowy biologicznej powstał model sztucznego neuronu oraz sieci neuronowej. Jest on znacznie uproszczony w stosunku do biologicznego oryginału.

6.4. Matematyczny model sztucznego neuronu i sieci neuronowej

Na podstawie obserwacji mechanizmów zachodzących w naturalnej sieci neuronów, opracowano matematyczne koncepcje sztucznych sieci neuronowych (SSN). Podobnie jak w naturalnych sieciach, składają się one z elementarnych komórek - neuronów. Zdając sobie sprawę z braku możliwości dokładnego odwzorowania naturalnych układów i budowy, opracowano model sztucznego neuronu (patrz rys. 27). Jego działanie można przestawić wg następujących kroków:

Krok 1: Do neuronu docierają sygnały (na wejścia neuronu).

Krok 2: Każdy sygnał ma swoja wagę (efektywność synapsy).

Krok 3: W neuronie obliczana jest ważona suma wejść i odejmowana wartość progowa,

Krok 4: Wynik sumy ważonej wprowadzany jest jako argument funkcji aktywacji, a wynik funkcji jest wprowadzany na wyjście neuronu.

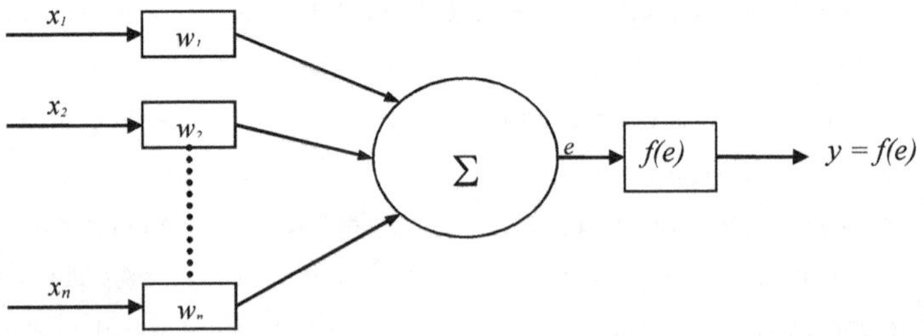

Rys. 27. Schemat budowy sztucznego neuronu

Neurony traktować można jako elementarne procesory o następujących właściwościach:

- Każdy neuron otrzymuje wiele sygnałów wejściowych i wyznacza na ich podstawie swoją „odpowiedź", to znaczy jeden sygnał wyjściowy.
- Z każdym oddzielnym wejściem neuronu związany jest parametr *w* nazwany wagą odpowiadającą stopniowi ważności informacji.
- Sygnał wchodzący określonym wejściem jest najpierw przemnażany przez wagę danego wejścia, w związku z czym w dalszych obliczeniach uczestniczy już w formie zmodyfikowanej: wzmocnionej ($w > 1$) lub stłumionej ($w < 1$).
- Sygnały wejściowe po przemnożeniu przez odpowiednie wagi są w neuronie sumowane, dając pewien pomocniczy sygnał wewnętrzny, nazywany czasem łącznym pobudzeniem neuronu (net value).
- Do tak utworzonej sumy sygnałów dodaje się pewien dodatkowy składnik, niezależny od sygnałów wejściowych, nazwany progiem (bias).
- Suma przemnożonych przez wagi sygnałów wejściowych z dodanym (ewentualnie) progiem jest traktowana bezpośrednio jako sygnał wyjściowy neuronu. W wielu typach sieci tak zwanych liniowych to wystarcza (np. w sieciach ADALINE (ADAptive LINEar). Natomiast w sieciach o bogatszych możliwościach np. MLP (MultiLayer Perceptron) sygnał wyjściowy neuronu obliczany jest za pomocą pewnej nieliniowej zależności między łącznym pobudzeniem a sygnałem wyjściowym.
- Zależność sygnału wyjściowego od łącznego pobudzenia, zwana charakterystyką neuronu (transfer function) pozwala w każdej chwili jednoznacznie określić sygnał wyjściowy neuronu, jeśli znane są jego sygnały wejściowe[64].

Jak widać na rys. 27, model sztucznego neuronu składa się z dwóch bloków: bloku sumowania Σ i bloku aktywacji *f(e)*. W pewnym przybliżeniu blok sumowania odpowiada biologicznemu ciału komórki, w której realizowane jest algebraiczne sumowanie

[64] Tadeusiewicz R.: *Elementarne wprowadzenie do techniki sieci neuronowych z przykładowymi programami*, Akademicka Oficyna Wydawnicza, Warszawa 1998, str. 25.

ważonych sygnałów wejściowych oraz generowany jest sygnał wyjściowy e, który może być traktowany jako potencjał membranowy komórki.

Do zapisu zależności pomiędzy wejściem i wyjściem neuronu wygodnie jest stosować notację wektorową. Zestaw sygnałów wejściowych można przedstawić jako następujący wektor: $X=<x_1,x_2,...,x_n>^T$, gdzie $x_1,x_2,...,x_n$ – sygnały wejściowe, T jest symbolem transpozycji. Podobnie można przedstawić wektor współczynników wagowych, reprezentujących wiedzę, którą neuron nabywa w procesie uczenia: $W=<w_1,w_2,...,w_n>^T$ gdzie $w_1,w_2,...,w_n$ – odpowiednie wagi sygnałów wejściowych.

Powyższe wektory można interpretować jako punkty w n - wymiarowej przestrzeni. Wszystkie możliwe punkty, reprezentujące wejście i współczynniki wagowe tworzą odpowiednio przestrzeń wejść i przestrzeń wag. Matematyczny opis neuronu polega na zbudowaniu matematycznej funkcji wiążącej sygnały wejściowe i współczynniki wagowe w taki sposób, by możliwe było obliczenie sygnału wyjściowego w neuronie. Sygnał wyjściowy związany jest z sygnałem wejściowym poprzez funkcję f określającą działanie neuronu: $y=f(x_1,x_2,...x_n)$.

W przypadku wybrania do eksperymentów neuronu liniowego zależność między wejściami (x_i, $i=1,2,...,n$) a wyjściem y ma postać: $y=\sum_{i=1}^{n} w_i x_i$ lub korzystając z oznaczeń wektorowych: $y=W^T X$.

Element opisany powyższym równaniem liniowym ma ciekawą własność wyróżniania tych wektorów wejściowych, które są podobne do jego wektora wag. Sygnał wyjściowy y będzie tym większy, im bardziej położenie wektora wejściowego X w przestrzeni wejść będzie przypominać położenie wektora wag W w przestrzeni wag.

W neuronie nieliniowym informacja wejściowa przetwarzana jest w sposób, który można opisać równaniem: $y = f(e)$, gdzie f jest wybraną funkcja nieliniową, a sygnał e odpowiada najczęściej łącznemu pobudzeniu neuronu, zgodnym z formułą przyjmowaną dla modelu liniowego: $e=\sum_{i=1}^{n} w_i x_i$ lub uzupełnioną dodatkowa o stały składnik θ, tzw. próg $e=\sum_{i=1}^{n} w_i x_i \pm \theta$. W wielu praktycznych zastosowaniach próg jest odejmowany od powyższej sumy.

Jeżeli

$$\sum_{i=1}^{n} w_i x_i \begin{cases} \geq \theta & \text{, to dany wektor X należy do klasy ponad progiem (klasa } A) \\ < \theta & \text{,to dany wektor X należy do klasy pod progiem (klasa } B). \end{cases}$$

Neuron można traktować jako element sieci przetwarzającej informacje. O specyficznych własnościach tego elementu decyduje funkcja f określająca nieliniowy związek pomiędzy wypadkowym sygnałem wejściowym e, a odpowiedzią y. Najbardziej klasyczną funkcją nieliniową f używaną w sieciach neuronowych jest funkcja progowa (patrz rys. 28):

$$f(e) = \begin{cases} 1 \text{ gdy e} \geq 0 \\ 0 \text{ gdy e} < 0 \end{cases}$$

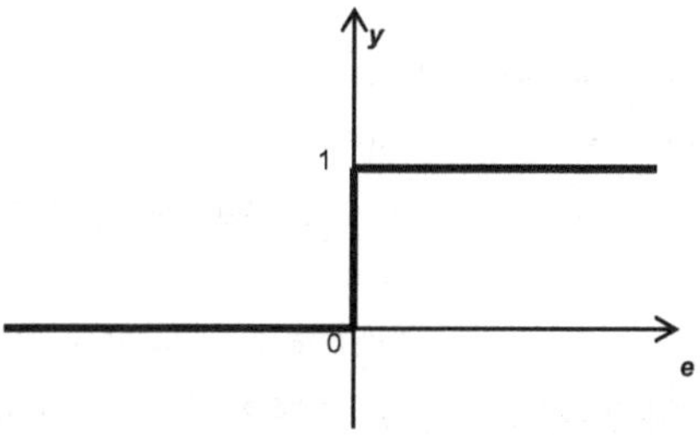

Rys. 28. Przykład funkcji progowej

Równie popularną funkcją nieliniową f w sieciach neuronowych jest funkcja sigmoidalna (patrz rys.29) wywodzącą się z funkcji logistycznej:

$$f(e) = \frac{1}{1 + \exp^{(-\beta e)}},$$

gdzie β jest pewnym parametrem.

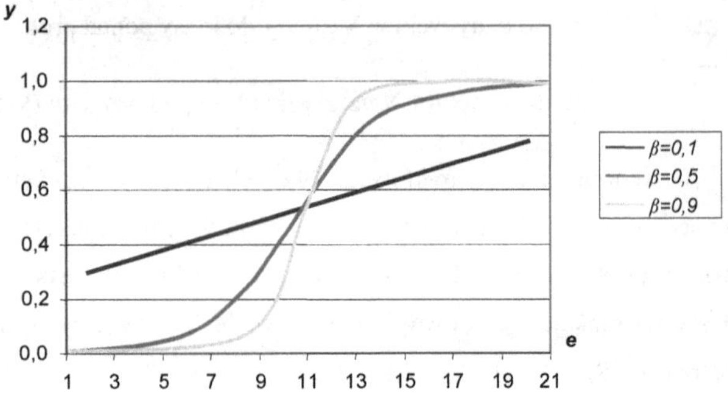

Rys. 29. Przebieg wartości funkcji logistycznej przy różnych wartościach współczynnika β

Jednokierunkowa, wielowarstwowa sztuczna sieć neuronowa powstaje przez połączenie opisanych wyżej sztucznych neuronów. Stosowana jest przy tym zasada łączenia każdego neuronu warstwy poprzedniej z każdym neuronem warstwy następnej. Powstające w ten sposób warstwy można podzielić na: wejściową, pośrednie i wyjściową, jak to przedstawiamy na rys. 30. Sieć nazywa się jednokierunkową, gdyż informacja płynie w niej zawsze w jednym kierunku od wejścia do wyjścia, z lewa na prawo.

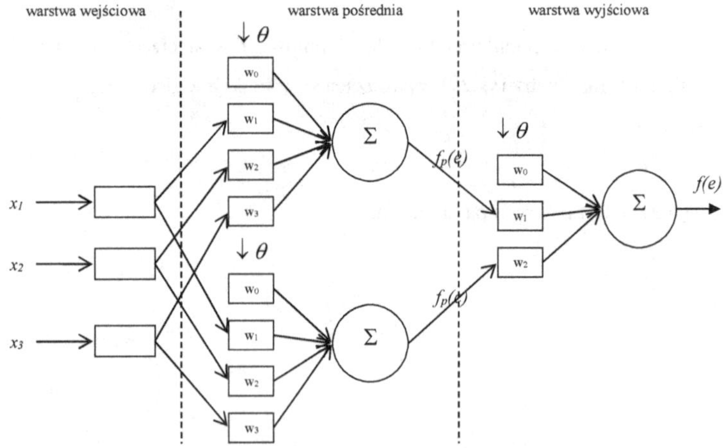

Rys. 30. Schemat budowy wielowarstwowej, nieliniowej sztucznej sieci neuronowej

Działanie sieci neuronowej można przedstawić w następujących krokach:

Krok 1: Dane wejściowe są wprowadzane na wejścia warstwy wejściowej.

Krok 2: Dane są propagowane na wejścia następnych warstw, aż do warstwy wyjściowej.

Krok 3: Wartości otrzymane w ostatniej, wyjściowej warstwie sieci neuronowej traktuje się jako wyjścia sieci.

6.5. Klasyfikacja sieci neuronowych

Niżej przedstawiono opisane w literaturze najważniejsze typy sieci neuronowych i ich krótką charakterystykę. Klasyfikacji sieci neuronowych dokonano według czterech podstawowych kryteriów: metod trenowania, kierunków propagacji sygnałów w sieci, typów funkcji przejścia oraz rodzajów danych wprowadzanych na wejścia. Klasyfikację sieci według tych kryteriów podano na rys.31.

Rys. 31. Klasyfikacja sieci neuronowych[65]

Sieci nadzorowane są często spotykanymi sieciami w wielu zastosowaniach. Ich trening polega na prezentowaniu sieci wartości wejściowych wraz z odpowiednimi, pożądanymi wartościami na wyjściach. Na tej podstawie sieć tak ustawia wartości wag, by odpowiedź mieściła się w granicy błędu określonym przez użytkownika. Sieci nienadzorowane różnią się od sieci nadzorowanych sposobem treningu. Nie wymagają

[65] Tadeusiewicz R.: Sieci neuronowe, Akademicka Oficyna Wydawnicza, Warszawa,1993, str. 18

one podawania pożądanych wartości wyjściowych dla prezentowanych wejść, lecz tylko wektorów wejściowych i odpowiadających im wyjść. Sieci liniowe są stosowane raczej rzadko, ze względu na ich stosunkowo małe możliwości. Sieci jednokierunkowe nieliniowe są obecnie najczęściej stosowanymi strukturami neuronowymi. Cechują się one stosunkowo dobrą efektywnością działania oraz prostą, intuicyjną budową. Są one również bardzo uniwersalne. Sieci rekurencyjne działają w nieco inny sposób niż sieci jednokierunkowe. W takich sieciach wyjścia niektórych neuronów lub całych warstw mogą być wprowadzane ponownie na wejścia tych samych neuronów lub warstw.

6.6. Uczenie sieci

Uczenie sieci z tzw. „nauczycielem", polega na podawaniu do sieci przykładowych zadań wraz z rozwiązaniami. Proces ten polega na naśladowaniu sposobu działania nauczyciela, czyli zbioru przykładów (ciągu uczącego) na podstawie, których sieć się uczy.

Załóżmy, że rozważana sieć ma n wejść i k wyjść. Wiąże się to oczywiście z tym, że w sieci takiej jest n neuronów w warstwie wejściowej i k neuronów w warstwie wyjściowej. Przy takich założeniach ciąg uczący dla nauki pojedynczego neuronu ma postać:

$$U = \{< X^{(1)}, z^{(1)} >, < X^{(2)}, z^{(2)} >, \ldots, < X^{(N)}, z^{(N)} >\}, \qquad (10)$$

gdzie: N jest liczbą wektorów w ciągu uczącym;

$< X^{(j)}, z^{(j)} >$ są parami danych pokazywanych na wejściu i wyjściu sieci (neuronu) w j-tym kroku procesu uczenia;

$X^{(j)}$ jest n-wymiarowym wektorem danych wejściowych w j-tym kroku;

$z^{(j)}$ jest wymaganą odpowiedzią neuronu w j-tym kroku (patrz rys.32).

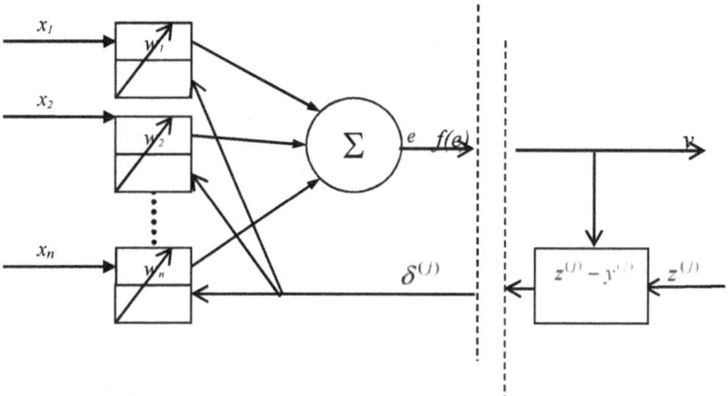

Rys. 32. Proces uczenia nadzorowanego dla elementu sieci.

W przypadku całej sieci wielowarstwowej ciąg uczący ma postać:

$$U = \{< X^{(1)}, Z^{(1)} >, < X^{(2)}, Z^{(2)} >, ..., < X^{(N)}, Z^{(N)} >\}, \quad (11)$$

gdzie:

$X^{(j)}$ jest n-wymiarowym wektorem danych wejściowych w j-tym kroku;

$Z^{(j)}$ jest k-wymiarowym wektorem stanowiącym wymaganą odpowiedź neuronów wyjściowej warstwy sieci w j-tym kroku.

Przy uczeniu bez nauczyciela (samouczenie sieci) nie podaje się prawidłowych odpowiedzi. Sieć musi sama wydobyć interesujące kategorie lub cechy ze zbioru danych wejściowych. Samouczenie sieci jest analogią do działania ludzkiego mózgu. Człowiek również ma zdolność do spontanicznego klasyfikowania napotkanych obiektów i zjawisk, a później do rozpoznawania nowych obiektów jako należących do jednej z wcześniej wyuczonych klas. Metoda samouczenia jest oparta na regule Hebba, która zakłada wzmocnienie połączeń między źródłami silnych sygnałów a neuronami, które na nie silnie reagują. W wyniku uczenia sygnały podobne do siebie będą rozpoznawane (wzmacniane) przez pewne neurony, zaś przez inne będą ignorowane (osłabiane). Inaczej uczenie wg reguły Hebba nazywa się uczeniem korelacyjnym (correlation learning), gdyż zmierza ona do takiego dopasowania wag, aby uzyskać jak największą korelację między sygnałami wejściowymi, a zapamiętanym w formie wartości wag „wzorcem" sygnału, na który określony neuron ma reagować[66].

Omawianie algorytmów uczenia z nauczycielem zaczniemy od pokazania sposobu uczenia pojedynczego (nieliniowego) neuronu (patrz rys.32). Podstawowym wzorem, wykorzystywanym podczas uczenia sieci neuronowych jest wzór:

$$\Delta w_i^{(j)} = \eta \delta^{(j)} \frac{df(e)}{de^{(j)}} x_i^{(j)}, \qquad (12)$$

gdzie:

$\Delta w_i^{(j)}$ - zmiana i- tego współczynnika w j-tym kroku;

η - współczynnik uczenia się sieci;

$\delta^{(j)}$ - błąd j-tego obiektu ciągu uczącego;

$\frac{df(e)}{de^{(j)}}$ - pochodna funkcji aktywacji;

$x_i^{(j)}$ - sygnał na i-tym wejściu j-tego obiektu.

Z (12) wynika, że zmiana $\Delta w_i^{(j)}$ współczynnika wagi $w_i^{(j)}$ na i-tym wejściu neuronu po pokazaniu j-tego obiektu ciągu uczącego jest proporcjonalna do błędu $\delta^{(j)}$ popełnionego przez neuron na tym etapie procesu uczenia: $\delta^{(j)} = z^{(j)} - y^{(j)}$, gdzie oczywiście $y^{(j)} = f\left(\sum_{i=0}^{n} w_i^{(j)} x_i^{(j)}\right)$.

Wynika z tego, że jeśli neuron podczas uczenia nie popełnia błędów, jego wagi nie są zmieniane. W ten sposób proces uczenia zatrzymuje się samorzutnie po osiągnięciu sukcesu, gdy żadna z wag nie uległa zmianie w poprzednim kroku. Poprawka współczynnika wagi na określonym wejściu $\Delta w_i^{(j)}$ proporcjonalna jest także do wielkości sygnału na tym wejściu $x_i^{(j)}$, co powoduje, że zmianom i aktualizacji podczas uczenia

[66] Tadeusiewicz R.: *Elementarne wprowadzenie do techniki sieci neuronowych z przykładowymi programami*, Akademicka Oficyna Wydawnicza, Warszawa 1998, str. 37.

podlegają wagi tylko tych wejść, które są aktywne. Współczynnik η nazywany jest współczynnikiem uczenia (learning rate) i wpływa na szybkość procesu uczenia. Aby łatwo można było obliczyć pochodną $\frac{df(e)}{de^{(j)}}$ przyjmuje się zwykle jako funkcję logistyczną $f(e)$:

$$y = f(e) = \frac{1}{1+\exp^{(-\beta e)}}, \text{ dla której } \frac{df(e)}{de^{(j)}} = y^{(j)}(1-y^{(j)}).$$

W związku z tym ostatecznie otrzymujemy formułę uczenia dla pojedynczego neuronu i dla dowolnej sieci jednowarstwowej w postaci:

$$\Delta w_i^{(j)} = \eta(z^{(j)} - y^{(j)})(1-y^{(j)})x_i^{(j)}y^{(j)} \quad . \tag{13}$$

Opisany powyżej algorytm nie daje się zastosować dla sieci wielowarstwowej, gdyż w przypadku sieci wielowarstwowych nie można bezpośrednio określić wymaganych odpowiedzi sygnałów wyjściowych $z^{(j)}$ dla warstw pośrednich sieci, a tym samym określić błąd $\delta^{(j)}$. Dlatego w odniesieniu do neuronów z tzw. warstw pośrednich także stosuje się wzór:

$$\Delta w_i^{(m)(j)} = \eta\delta_m^{(j)} \frac{d\varphi(e)}{de_m^{(j)}} y_i^{(j)} \quad , \tag{14}$$

gdzie m jest numerem rozważanego neuronu.

Zamiast prostego wzoru $\delta_m^{(j)} = z_m^{(j)} - y_m^{(j)}$ musimy przeprowadzić następujące rozumowanie. Niech rozważany neuron, należący do warstwy pośredniej wysyła sygnał wyjściowy wyłącznie do neuronów warstwy wyjściowej, dla których wartości błędów $\delta_k^{(j)}$ można łatwo określić przez porównanie ich sygnałów z informacją pochodzącą od nauczyciela. Błąd popełniony przez neuron $\delta_m^{(j)}$ otrzymujemy sumując błędy $\delta_k^{(j)}$ i uwzględniając wartości współczynników wag połączeń miedzy rozważanym neuronem a neuronami, do których wysyła on sygnał wyjściowy.

$$\delta_m^{(j)} = \sum_k w_m^{(k)(j)} \delta_k^{(j)} \quad , \tag{15}$$

gdzie oznaczenia przyjęto tak jak na rys.33.

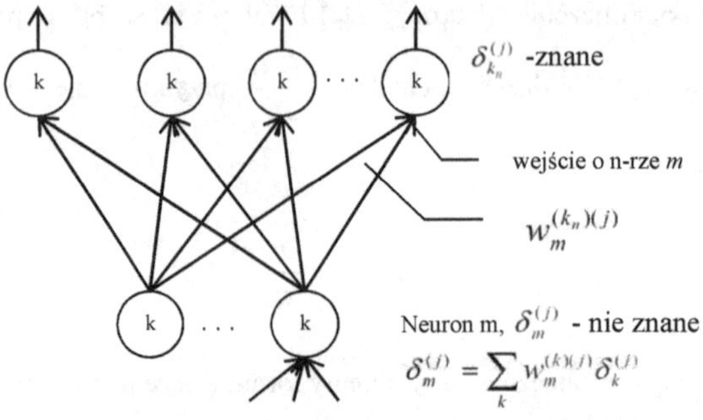

Rys. 33. Definicja oznaczeń we wzorze wstecznej propagacji błędów

Opisana zasada określona jest jako technika wstecznej propagacji błędów. Algorytm wstecznej propagacji błędów jest podstawowym algorytmem uczenia nadzorowanego wielowarstwowych jednokierunkowych sieci neuronowych. Polega na takiej zmianie wag sygnałów wejściowych każdego neuronu w każdej warstwie, by wartość błędu dla kolejnych par uczących, zawartych w zbiorze uczącym była jak najmniejsza. Wykorzystuje on w tym celu metodę gradientową - najszybszego spadku (patrz rys.34).

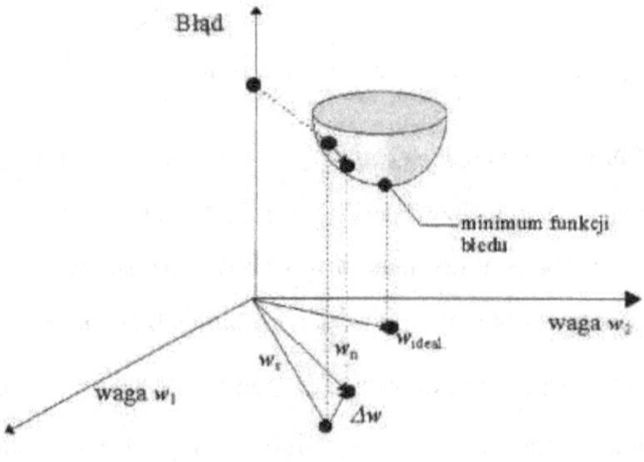

Rys. 34. Istota metody zmiany wektora wag podczas uczenia sieci[67]

[67] Tadeusiewicz R.: *Elementarne wprowadzenie do techniki sieci neuronowych z przykładowymi programami*, Akademicka Oficyna Wydawnicza, Warszawa 1998, str. 17.

Ogólny przebieg uczenia nadzorowanego sieci neuronowej przebiega według algorytmu przedstawionego na rys.35.

Rys. 35. Schemat przebiegu algorytmu wstecznej propagacji błędu

Przebieg algorytmu dla wszystkich elementów ciągu uczącego nazywa się epoką. Rzutowane wstecznie błędy są mnożone przez te same współczynniki, przez które mnożone były sygnały przy propagowaniu sygnału w kierunku od wejścia do wyjścia. Opisaną zasadę można zastosować do całej sieci, przy zachowaniu odpowiedniej kolejności obliczania błędów[68].

Celem procesu uczenia jest uzyskanie zgodności między wyjściem neuronu $y^{(j)}$ a wymaganą odpowiedzią $z^{(j)}$ dla każdego przykładu zawartego w ciągu uczącym. Podczas uczenia sieci tak definiujemy miarę błędu (funkcję kosztu, kryterialna lub błędu), by uwzględniała zachowanie sieci podczas wszystkich pokazów zadań wchodzących w skład ciągu uczącego:

[68] Tadeusiewicz R.: *Elementarne wprowadzenie do techniki sieci neuronowych z przykładowymi programami*, Akademicka Oficyna Wydawnicza, Warszawa 1998, str. 42.

$$Q = \frac{1}{2}\sum_{j=1}^{N}\left(z^{(j)} - y^{(j)}\right)^2 , \tag{16}$$

gdzie $y^{(j)} = f\left(\sum_{i=0}^{n} w_i^{(j)} x_i^{(j)}\right)$.

Funkcja Q jest powszechnie znana z metody najmniejszych kwadratów i jest tu adaptowana do potrzeb procesu uczenia sieci. Funkcja ta dla j-tego kroku uczenia przyjmuje postać:

$$Q^{(j)} = \frac{1}{2}\left(z^{(j)} - y^{(j)}\right)^2 . \tag{17}$$

Mając daną miarę błędu Q możemy wprowadzić poprawkę wektora wag ΔW, wybierając ją w taki sposób, by zastępować maksymalnie szybko w dół po powierzchni błędu. Zgodnie z gradientową strategią procesu uczenia (gradientową minimalizacją funkcji błędu) należy zmieniać i-tą składową wektora W w j-tym kroku o pewną wielkość Δw_i, proporcjonalną do i-tej składowej gradientu funkcji Q w danym punkcie:

$$w_i^{(j+1)} - w_i^{(j)} = \Delta w_i^{(j)} = -\eta \frac{\delta Q}{\delta w_i^{(j)}} . \tag{18}$$

Znak „-" we wzorze wskazuje na wybór kierunku najszybszego spadku funkcji Q. Ponieważ Q zależy od y, zaś $y = f(e)$ jest funkcją zależną od łącznego pobudzenia e, które to dopiero zależy bezpośrednio od współczynników wag w_i, to gradient Q rozbijamy na pochodną funkcji złożonej:

$$\frac{\delta Q^{(j)}}{\delta w_i} = \frac{\delta Q^{(j)}}{\delta y^{(j)}} \frac{dy^{(j)}}{de^{(j)}} \frac{\delta e(j)}{dw_i} , \tag{19}$$

przy czym oczywiście

$$\frac{\delta Q^{(j)}}{\delta y_i^{(j)}} = -\left(z^{(j)} - y^{(j)}\right) = -\delta^{(j)} , \qquad \frac{\delta y^{(j)}}{\delta w_i} = x_i^{(j)} , \qquad \frac{\delta y^{(j)}}{de^{(j)}} = \frac{df^{(j)}}{de^{(j)}} .$$

Łącząc te wzory odpowiednio otrzymujemy wcześniej opisaną formułę uczenia

$$\Delta w_i^{(j)} = \eta \delta^{(j)} \frac{df(e)}{de^{(j)}} x_i^{(j)} \quad . \tag{20}$$

Uczenie w sieci neuronowej polega więc na tym, że następuje w niej wielokrotnie odpowiednia zmiana współczynników wag reprezentujących wewnętrzną wiedzę neuronów w sieci. W wyniku tego błąd w sieci systematycznie maleje. Proces ten oryginalnie jest dość powolny – w praktyce czasem trzeba wykonać kilkaset milionów kroków uczenia, zanim sieć zacznie funkcjonować poprawnie, ale potem działa ona stosunkowo pewnie i niezawodnie.

6.7. Metoda 2 - pomiar KL ucznia z wykorzystaniem SSN

Sieci neuronowe charakteryzują się wieloma nietypowymi właściwościami, które w sposób istotny poprawiają możliwości prowadzenia badań i interpretacji ich wyników. Zasadniczą własnością sieci neuronowych jest ich zdolność do przyswajania wiedzy oraz umiejętność generalizacji, czyli uogólnienia tej wiedzy. Ponadto sieci neuronowe wykazują tzw. tolerancję na nieciągłość, przypadkowe zaburzenia lub braki w zbiorze uczącym. Nie ma konieczności precyzowania sposobu rozwiązania danego problemu, lecz wystarczy zgromadzić wystarczająco duży i reprezentatywny zbiór próbek (danych). Sieci neuronowe potrafią w naturalny sposób przetworzyć podaną w ten sposób informację i wyciągnąć z niej najistotniejsze elementy. Szczególnie ważne jest to w problemach klasyfikacji oraz wszelkiego rodzaju prognozach.

Jak zaznaczono we Wstępie jednym z celów książki jest zaproponowanie i weryfikacja własności sieci neuronowej ze wsteczną propagacją błędów w pomiarze kapitału ludzkiego ucznia szkoły ponadgimnazjalnej na podstawie uzyskanych wyników z egzaminów zewnętrznych: maturalnego i gimnazjalnego.

Wyodrębniono następujące cele cząstkowe:

1. Zaproponowanie struktury sieci neuronowej oraz weryfikacja dokładności pomiaru w zależności od konfiguracji sieci.
2. Wyznaczenie poziomu kapitału ludzkiego *V(KL)* wykorzystując wyznaczony typ i strukturę sieci.

Specyfika wykorzystania sieci neuronowych do tego celu zastosowań niemal narzuca sieci ze wsteczną propagacją błędów. Sieci tego typu z definicji umożliwiają bowiem uczenie z nauczycielem i mogą zawierać w tym przypadku jedno z dwóch możliwych wyjść – prawda lub fałsz. Inne typy sieci, uczące się bez nauczyciela (uczenie nienadzorowane), ze względu na swoją specyfikę (nieznane są klasy, do których należą mierzone wektory cechy), są rzadko wykorzystywane w tego typu zastosowaniach. Na wejście sieci podawane są zazwyczaj sekwencyjnie kolejne dane, dla których przeprowadzany jest proces rozpoznawania danych jako wektor wejściowy. Składa się on z kolumny danych liczbowych reprezentujących wyniki uczniów na egzaminie gimnazjalnym w poszczególnych latach.

6.7.1 Ciąg uczący i testujący

Podstawową cechą sieci neuronowej jest jej zdolność do uogólnienia, a więc generowania właściwego rozwiązania dla danych, które nie pojawiły się w zestawie danych uczących.

Sieć zostaje poddana uczeniu na zbiorze *L* z bieżącym sprawdzeniem stopnia uczenia na zbiorze *V*. Zdolność odtworzenia zbioru *L* przez sieć jest miarą zdolności zapamiętywania danych uczących. Natomiast zdolność do generowania właściwych rozwiązań dla danych należących do zbioru *T*, na których sieć nigdy nie była trenowana, jest miarą zdolności uogólnienia. Zakłada się, że dane tworzące zarówno zbiór *L* jak i zbiór *T* są typowymi reprezentantami zbioru danych *R* (patrz rys. 36).

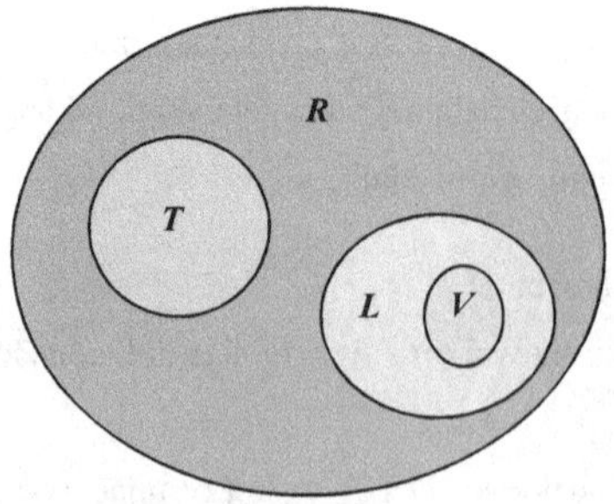

R – zbiór danych wejściowych

T – zbiór testujący (testing)

L – zbiór uczący (learning)

V – zbiór danych sprawdzających (validation)

Rys. 36 Zbiory testujące i uczące w SSN

Sam proces uczenia powinien być powiązany ze sprawdzaniem zdolności do uogólniania, a więc powinien zawierać fazę uczącą i fazę sprawdzającą. Proces uczenia kontynuuje się do chwili uzyskania minimum funkcji celu lub dopóki błąd testowania nie zacznie wzrastać (wskazując na przeuczenie).

Ciąg uczący stworzono z danych, zawierających wyniki gimnazjalne i maturalne uczniów danej szkoły (w sumie 1600 danych) oraz z danych uczniów innych szkół ponadgimnazjalnych woj. podlaskiego (1600 danych), co daje łącznie ciąg uczący złożony 3200 danych. Ciąg uczący został skonstruowany w ten sposób, ponieważ najlepsze rezultaty są otrzymywane przy uczeniu sieci ciągiem uczącym zawierającym tyle samo danych uczących, co testujących (Koprowski, 2000).

W rezultacie został stworzony następujący ciąg uczący:
- utworzono zestaw danych zawierających informacje o wynikach egzaminów gimnazjalnych i maturalnych dla 800 uczniów badanej szkoły ponadgimnazjalnej,
- utworzono zestaw danych nie pochodzących z danej szkoły (800 uczniów),
- uczono sieć neuronową, losując dla pierwszej iteracji wartości wag;
- przeprowadzono 3 000 (lub testowo 5 000) epok;
- testując sieć wybrano te przypadki z ciągu uczącego, dla których sieć prognozowała prawidłowo;
- przeprowadzono taki proces 60 krotnie (czyli sumarycznie 3000*60 epok) modyfikując co 1 000 lub 3 000 epok ciąg uczący.

Ponieważ nie ma żadnych jednoznacznych przesłanek dotyczących doboru liczby neuronów w warstwach, liczby warstw sieci oraz typu wykorzystywanych neuronów rozpoczęto pomiary błędu dla następujących warunków:

- liczba warstw ukrytych/pośrednich $l_w = 1 \div 5$,

- liczba neuronów w każdej warstwie ukrytej $l_n = 1 \div 20$,

- liczba epok dla wylosowanej postaci wektora uczącego $l_e = 1 \div 5\,000$,

- liczba losowań po każdej *i*-tej epoce $l_l = 1 \div 100$,

- funkcja aktywacji - sigmoidalna w postaci ogólnej (patrz wzór strona 80 i rys.29)

- współczynnik momentum $\mu = 0{,}5 \div 1$,

- współczynnik uczenia się $\eta = 0 \div 1$

- zatrzymanie procesu uczenia gdy: błąd uczenia δ będzie mniejszy od $1*10^{-4}$, liczba epok l_e przekroczy dopuszczalną wartość lub pochodna szybkości uczenia $\frac{df(e)}{de}$ będzie mniejsza od $1*10^{-20}$,

- warstwa wejściowa i wyjściowa składa się z 1 neuronu.

Liczbę danych, tworzących wektor uczący, ustalono na 3200 (1600 uczniów). W tym 1600 danych 800 uczniów badanej szkoły i 1600 danych uczniów z innych szkół, umieszczonych w losowej kolejności w wektorze uczącym. Wektor walidacyjny oraz testowy utworzono w analogiczny sposób odpowiednio o rozmiarach 3200 (1600 uczniów – podobnie jak wektor uczący).

6.7.2. Dobór oraz weryfikacja dokładności działania sieci

Przeprowadzono pomiary zmian wartości błędu dla różnej liczby neuronów, liczby epok oraz liczby warstw ukrytych. Na podstawie wstępnych pomiarów ustalono, że zgrubnie liczba neuronów w warstwie ukrytej powinna oscylować około 10, a liczba warstw ukrytych około 3. Z badań wynika, że liczba punktów, w których sieć jest niedouczona maleje wraz ze wzrostem liczby epok k oraz nieznacznie ze zmniejszaniem się liczby neuronów w warstwie ukrytej. Liczba epok dla wektora uczącego jest zależna odwrotnie proporcjonalnie (wzrost l_e powoduje zmniejszanie δ). Wzrastająca liczba epok powoduje zmniejszanie się błędu uczenia, co było również widoczne w wynikach otrzymywanych dla wektora walidacyjnego.

Przedstawione powyżej zależności zostały zrealizowane dla kolejnych losowań tworzących różną postać wektora uczącego i testującego. Obserwowano też otrzymywane rezultaty dla wektora walidacyjnego.

W omawianym symulatorze sieci neuronowych algorytm realizujący działanie sztucznych sieci neuronowych wyposażono w mechanizmy dające projektantowi możliwość regulacji szybkości i jakości uczenia. Eliminują one gwałtowne zmiany, czyli wygładzają przebieg funkcji błędu. W tym celu użyto współczynników uczenia – η oraz momentum – μ. Im większa wartość współczynnika uczenia tym, szybsze staje się przeszukiwanie przestrzeni rozwiązań. Zbyt duża wartość tego współczynnika może doprowadzić do przeoczenia najlepszego rozwiązania. Wartość tego współczynnika może należeć do przedziału <0:1>. W rozpatrywanym przez nas zadaniu przyjęto wartość współczynnika uczenia η równą 0,01. Wielkość współczynnika momentum μ decyduje o stabilności procesu uczenia. Im większa wartość współczynnika momentum μ, tym większa staje się bezwładność procesu poszukiwania przestrzeni rozwiązań. Wartość tego współczynnika należy do przedziału <0,5:1>. W rozpatrywanym przez nas przypadku została ustalona na poziomie 0,9.

6.7.3 Model SSN do pomiaru KL

W wyniku badań zaproponowano model sztucznej sieci neuronowej do obliczenia poziomu kapitału ludzkiego. W obliczeniach zastosowano sieć typu MLP (perceptron) – wielowarstwową, nadzorowaną i jednokierunkową (patrz rys.37).

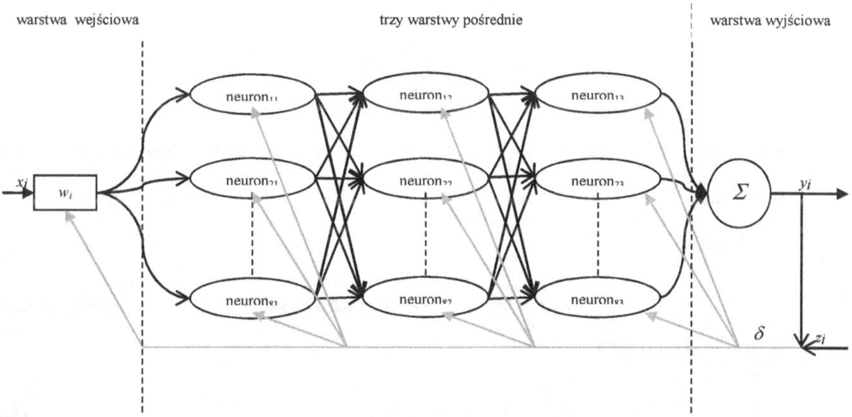

Rys. 37. Model sieci neuronowej do obliczania $V(KL)$

Sieć składa się z warstwy wejściowej, w której podawane są sygnały odpowiadające danym wejściowym x_i (wyniki gimnazjalne $v(KL,t_0)$), trzech warstw pośrednich, w których sieć trenowana jest na ośmiu neuronach w każdej warstwie oraz z warstwy wyjściowej y_i (poziom kapitału ludzkiego ucznia $V(KL)$). W modelu tym zastawano w pierwszej warstwie nieliniową funkcję aktywacji (sigmoidalną), w pozostałych warstwach funkcje liniowe. Sieć trenowano „z nauczycielem" tzn. otrzymany wynik z sieci y_i porównywany jest z wynikiem oczekiwanym z_i (wynikiem maturalnym $v(KL,t_k)$). Zadaniem sztucznej sieci neuronowej jest wyliczenie $V(KL)$ oraz narysowanie krzywej regresji - zależności wyników maturalnych od gimnazjalnych. Krzywa ta nie jest linią prostą, tak jak to było w Metodzie 1 obliczania $V(KL)$ zaproponowanej w rozdziale 5 i wykazuje większe dopasowywanie się do wyników gimnazjalnych i maturalnych. Niezbędne obliczenia, kod, wykresy wykonano za pomocą pakietu Matlab 7.0 z modułem Neural Networks Toolbox.

W procesie uczenia sieci wykorzystano metodę wstecznej propagacji błędów, której algorytm opiera się na sprowadzeniu wartości funkcji błędu sieci poniżej pewnego, założonego minimum (patrz rozdział 6.6). Miarą błędu stosowaną w trakcie badań był błąd RMS (pierwiastek kwadratowy z błędu średniokwadratowego). Podstawą do jego obliczenia stanowił błąd średniokwadratowy MSE. Błąd średniokwadratowy MSE' dla jednej prezentacji wyraża się wzorem:

$$MSE' = \frac{1}{n}\sum_{i=0}^{n-1}\left(v_i(KL,t_k) - V_i(KL)\right)^2, \qquad (21)$$

gdzie: n – liczba wyjść sieci; $v_i(KL,t_k)$ – wartość oczekiwana i-tego wyjścia sieci – wynik maturalny; $V_i(KL)$ – wartość rzeczywista i-tego wyjścia sieci – poziom kapitału ludzkiego.

Zakładając, że w jednej epoce zaprezentowanych zostanie m – wzorców, to błąd MSE dla jednej epoki wynosi:

$$MSE = \frac{1}{m}\sum_{j=0}^{m-1} MSE'_j \ . \qquad (22)$$

Tak określony błąd średniokwadratowy RMS można zdefiniować jako pierwiastek kwadratowy z błędu MSE, zatem

$$RMS = \sqrt{MSE}\,. \qquad (23)$$

W trakcie uczenia należy oczekiwać, że wartość błędu RMS będzie malała w miarę kolejnych epok uczących, choć drobne wahania są dopuszczalne.

Na podstawie przygotowanych wcześniej danych (wyniki uczniów z egzaminów gimnazjalnych i maturalnych odczytane na znormalizowanej skali staninowej) sieć uczy się prognozowania wyników oczekiwanych. Następnie obliczana jest edukacyjna wartość dodana EWD, o której pisano w rozdziale 5.2, czyli różnica pomiędzy wynikiem uzyskanym przez ucznia a wynikiem oczekiwanym. Na tej podstawie oszacowano przyrost poziom kapitału ludzkiego ucznia *V(KL)*.

Podobnie jak w przypadku Metody 1 podano formalny opis Metody 2.

Metoda 2 – wykorzystanie sztucznych sieci neuronowych.

Krok 1: Dla przyjętych parametrów sieci uczono ją na przykładach (uczniach) z zadanego ciągu uczącego.

Krok 2: Za pomocą tak nauczonej sieci dla każdego ucznia z badanej populacji wyznaczono wartość poziomu jego kapitału ludzkiego $\hat{v} = (KL, t_k)$.

Krok 3: Dla każdego ucznia z badanej populacji wyznaczono wkład szkoły równy

$$V(KL) = v(KL, t_k) - \hat{v}(KL, t_k)\,. \qquad (24)$$

Krok 4: Za pomocą Tabeli 1 interpretowano wyniki uzyskane w Kroku 3.

6.8. Przykład szacowania przyrostu poziomu KL Metodą 2

Równolegle do estymacji przyrostu poziomu kapitału ludzkiego ucznia *V(KL)* prowadzonej metodami statystycznymi (rozdział 5) analizowano dane za pomocą sieci neuronowych (rozdział 6). Na wykresie (patrz rys. 38) przedstawiono przykład graficznej interpretacji zależności liniowej i nieliniowej wyników egzaminów zewnętrznych (zależność wyników egzaminu maturalnego w 2007 r. w kontekście egzaminu gimnazjalnego w 2003 i 2004r. – fragment badań). Pod uwagę brano wyniki z dwóch lat, ponieważ szkołę średnią w danym roku kończą absolwenci liceum, gdzie nauka trwa 3 lata oraz absolwenci technikum, w którym czas nauki wynosi 4 lata.

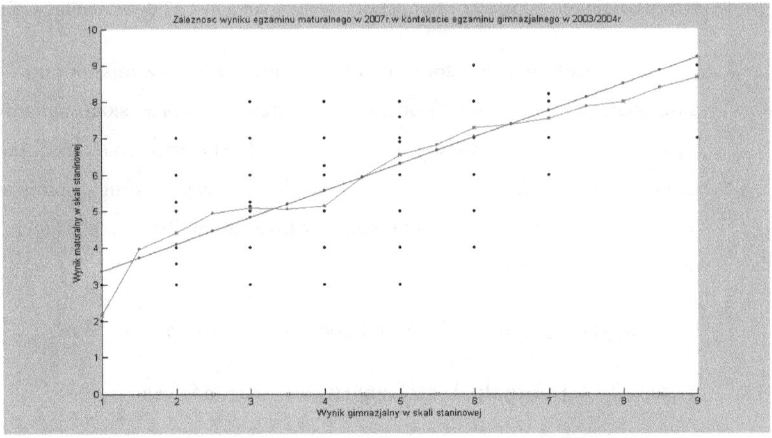

Rys. 38. Wykres zależności wyników egzaminu maturalnego w 2007 r.
od wyników egzaminu gimnazjalnego w 2003 i 2004r.
– fragment badań obliczeń w programie Matlab 7.0.

Kropki na wykresie obrazują wyniki egzaminów zewnętrznych, interpretowane w naszych badaniach odpowiednio: jako poziom kapitału ludzkiego w chwili początkowej $v(KL,t_0)$ – wynik gimnazjalny i poziom kapitału ludzkiego w chwili końcowej $v(KL,t_k)$ – wynik maturalny. Funkcja kawałkami liniowa, przedstawiona kolorem czerwonym na Rys. 38 lepiej aproksymuje analizowane wyniki (Metoda 2), niż prosta regresji, zaznaczona na rysunku kolorem niebieskim (Metoda 1). Nieliniowa zależność wykazuje większe dopasowanie do danych wejściowych i wyjściowych, gwarantuje lepszą interpretację poziomu przyrostu poziomu kapitału ludzkiego $V(KL)$, rozumianym tutaj oczywiście jako różnicę pomiędzy wynikiem końcowym $v(KL,t_k)$, a wartością oczekiwaną, czyli wynikami położonymi na czerwonej linii wyznaczonej przez sztuczną sieć neuronową.

Podobnie jak w punkcie 5.3.1 zbadano przyrost kapitału ludzkiego ucznia X, ale tym razem wykorzystano opracowany model sztucznej sieci neuronowej. Jest to ten sam uczeń, którego wyniki analizowano w statystycznej metodzie szacowania kapitału ludzkiego. Przypomnijmy: uczeń X zdawał egzamin gimnazjalny w 2004r., a trzy lata później w 2007r. egzamin maturalny. Z egzaminu gimnazjalnego łącznie uzyskał z części humanistycznej 32 pkt. (stanin 4) i z części matematyczno - przyrodniczej 23 pkt. (stanin 2), średni stanin z obu części wynosi 3. Na egzaminie maturalnym uczeń otrzymał następujące wyniki: z języka polskiego 49% (stanin 4), z języka obcego 72% (stanin 6), z przedmiotu obowiązkowego 45% (stanin 5). Wszystkie wyniki odczytane są w skali staninowej dla wyników krajowych i odpowiedniego roku, w którym uczeń X zdawał egzamin.

Krok 1: Do sieci podano tablicę danych wejściowych zbudowaną z danych wyników egzaminów gimnazjalnych i maturalnych. Wyniki te oczywiście są średnimi arytmetycznymi poszczególnych egzaminów cząstkowych.

Uczeń	***v(KL,2004)***	***v(KL,2007)***
uczeń X	3	5

Krok 2: Po nauczeniu sieci przewidywania wyników, podano nasz szczególny przypadek (wyniki 180 uczniów), w którym mieści się również uczeń X.

Krok 3: Sieć podaje oczekiwane wyniki egzaminów końcowych $\hat{v}(KL,2007)$ i na tej podstawie obliczono przyrost poziomu kapitału ludzkiego (24)

$$V(KL) = v(KL,2007) - \hat{v}(KL,2007),$$

gdzie $\hat{v}(KL,2007)$ jest oczekiwanym wynikiem końcowym w danym roku obliczonym za pomocą SSN. Otrzymano następujący wynik:

$$V(KL) = 5 - 4{,}95$$

Uczeń	*v(KL,2004)*	*v(KL,2007)*	$\hat{v}(KL,2007)$	*V(KL) SSN*
uczeń X	3	5	4,95	0,05

Rys. 39 przedstawia interpretację graficzną poziomu kapitału ludzkiego *V(KL)* wszystkich 180 uczniów badanej próby. Interpretację tych wyników możemy dokonać przy pomocy Tabeli 1.

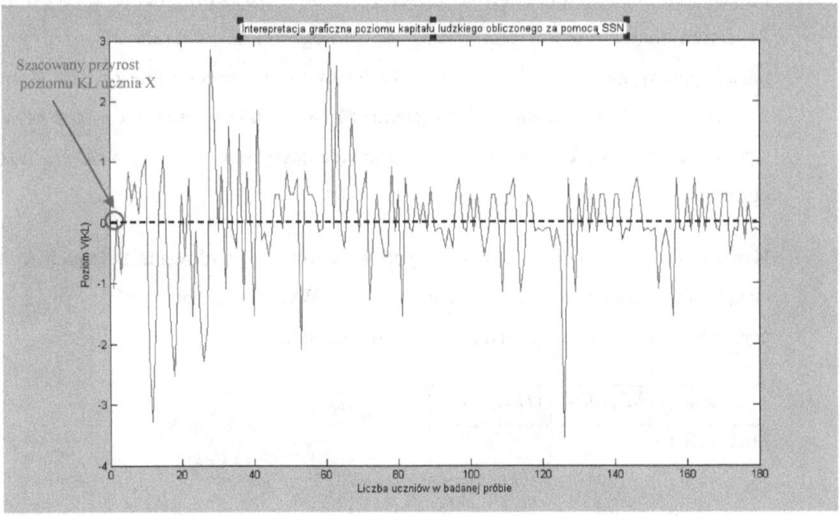

Rys. 39 Graficzna interpretacja poziomu kapitału ludzkiego z wykorzystaniem SSN - fragment badań w programie Matlab 7.0

Krok 4: Odczytano opis słowny poziomu kapitału ludzkiego ucznia X z Tabeli 1. $V(KL) = 0{,}05$ to wynik, który mieści się w przedziale od -0,5 do 0,5 czyli sklasyfikowany jest jako średni poziom przyrostu kapitału ludzkiego w porównaniu do innych uczniów badanej populacji.

Poniżej na wykresie (patrz rys. 40) możemy prześledzić wyniki dla grupy 30 uczniów, wśród których znajduje się nasz przykładowy uczeń X. Na wykresie linią niebieską pokazane są wyniki gimnazjalne *v(KL,2004)*, linią zieloną wyniki maturalne *v(KL,2007)*, natomiast linią czerwoną szacowany poziom kapitału ludzkiego ucznia *V(KL)* na podstawie obliczeń wykonanych z wykorzystaniem zaprojektowanego modelu sztucznej sieci neuronowej.

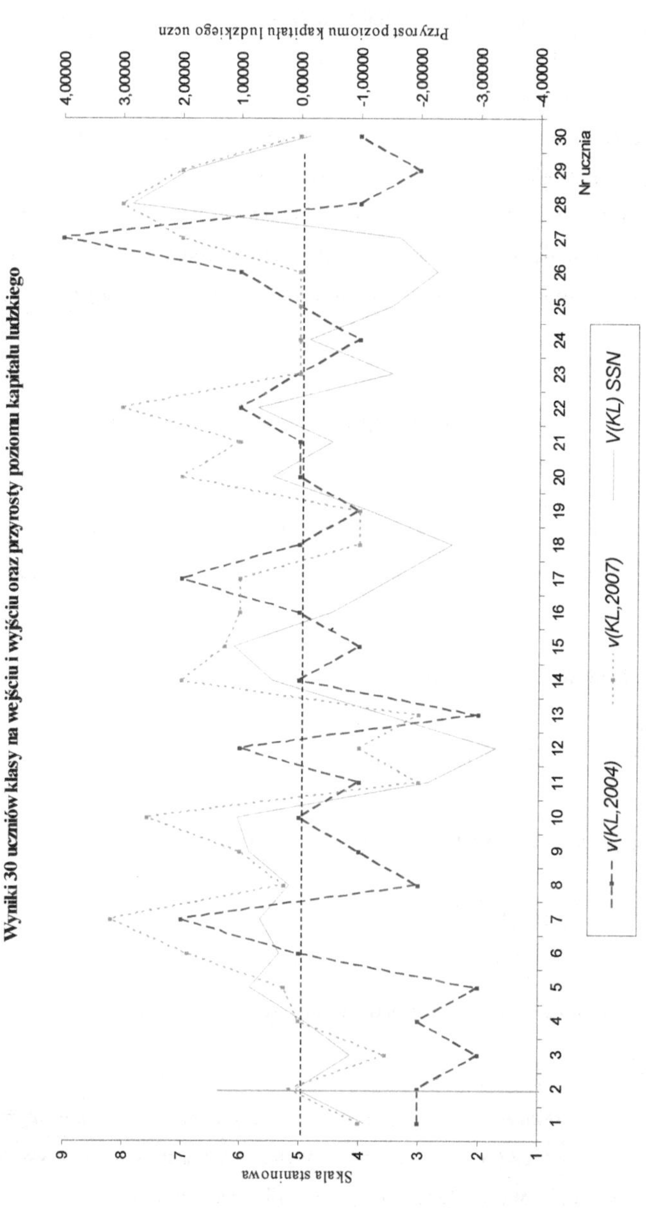

Rys.40. Graficzna interpretacja pomiaru $V(KL)$ (fragment badań)

Szacowany wynik poziomu kapitału ludzkiego ucznia X obliczony z wykorzystaniem SSN jest różny od wyniku uzyskanego klasyczną metodą statyczną. Przypomnijmy: *V(KL)* ucznia X w metodzie statystycznej (Metodzie 1) wynosi 1,29 i jest to wynik wyżej niż średni, natomiast *V(KL)* w metodzie z wykorzystanie sztucznej sieci neuronowej (Metodzie 2) wynosi 0,05 i jest to wynik średni. Powstaje pytanie: która metoda jest dokładniejsza: Metoda 1 z regresją liniową, czy Metoda 2 z regresją nieliniową? Na to pytanie odpowiedziano w następnym podrozdziale, w którym sprawdzono miarę dopasowania (adekwatności) obu modeli (metod) do danych.

6.9. Porównanie metod szacowania poziomu KL ucznia

Jako kryteria oceny (porównania) efektywności SSN i metod statystycznych regresji liniowej przyjęto: sumę kwadratów odchyleń błędów, sumę bezwzględnych wartości błędów oraz statystyczną technikę regresji, obliczoną zgodnie z procedurą REGBŁSTD[69].

Sumę kwadratów błędów (*SKB*)obliczano według wzoru:

$$SKB = \sum_{i=1}^{n} \left(v_i(KL,t_k) - \widehat{v}_i(KL,t_k)\right)^2 \ . \qquad (25)$$

Sumę wartości bezwzględnych błędów (*SWBB*) obliczono według wzoru:

$$SWBB = \sum_{i=1}^{n} \left|v_i(KL,t_k) - \widehat{v}_i(KL,t_k)\right| \ , \qquad (26)$$

gdzie: $v_i(KL,t_k)$ oznacza wartość obserwowaną, zaś $\widehat{v}_i(KL,t_k)$ jest wartością przewidywaną.

Dodatkowo w obliczeniach wykorzystano statystyczną technikę regresji *REGBŁSTD* (znane_*y* ; znane_*x*). Daje ona w wyniku obliczeń standardowy błąd prognozowanej wartości *y* dla każdego *x* przy regresji. Standardowy błąd jest miarą

---

[69] Ivens K., Carlberg C.: *Excel 2002 PL. Księga eksperta*, Helion 2002, s.661.

stopnia błędu prognozowania wartości (*SBPW*) *y* dla oddzielnej wartości *x*. Standardowy błąd prognozowanej wartości *y* przedstawia oblicza się według wzoru:

$$SBPW = \sqrt{\left[\frac{1}{n(n-2)}\right]\left[n\sum y^2 - \left(\sum y\right)^2 - \frac{\left[n\sum xy - \left(\sum x\right)\left(\sum y\right)\right]^2}{n\sum x^2 - \left(\sum x\right)^2}\right]} \quad (27)$$

W Tabeli 2 przedstawiono porównanie estymacji wyników badań doświadczalnych przy wykorzystaniu obliczeń statystycznych oraz sieci neuronowej.

W Tabeli 2 zastosowano następujące oznaczenia:

Metoda 1	- metoda regresji liniowej.
Metoda 2	- metoda z wykorzystaniem sztucznej sieci neuronowej.
SKB L	- suma kwadratów błędów w Metodzie 1 (*L* – liniowej).
SKB SSN	- suma kwadratów błędów w Metodzie 2 (*SSN* – sztuczne sieci neuronowe).
SWBB L	- suma wartości bezwzględnych błędów w Metodzie 1 (*L* – liniowej).
SWBB SSN	- suma wartości bezwzględnych błędów w Metodzie 2 (*SSN* – sztuczne sieci neuronowe).
SBPW L	- suma błędów prognozowanej wartości w Metodzie 1 (*L* – liniowej).
SBPW SSN	- suma błędów prognozowanej wartości w Metodzie 2 (*SSN* – sztuczne sieci neuronowe).
G2002 - M2005	– zależność wyników maturalnych z 2005r. od wyników gimnazjalnych z 2002r.
G2002 i 03 - M2006	- zależność wyników maturalnych z 2006r. od wyników gimnazjalnych z 2002r. i 2003r. (uczniowie liceum – 3 lata nauki, zdawali egzamin gimnazjalny w 2003r., uczniowie technikum – 4 lata nauki, zdawali egzamin gimnazjalny w 2002r.).
G2003 i 04 - M2007	- zależność wyników maturalnych z 2007r. od wyników gimnazjalnych z 2003r. i 2004r. (patrz jw).
G2004 i 05 - M2008	- zależność wyników maturalnych z 2008r. od wyników gimnazjalnych z 2004r. i 2005r. (patrz jw).

Tabela 2. Porównanie estymacji wyników badań doświadczalnych.

Metoda / Przykład	Metoda 1	Metoda 2	Metoda 1	Metoda 2	Metoda 1	Metoda 2
	SKB L	*SKB SSN*	*SWBB L*	*SWBB SSN*	*SBPW L*	*SBPW SSN*
G2002 - M2005	93,27	**67,51**	72,73	**61,40**	0,92	**0,89**
G2002 i 03 - M2006	373,56	**338,95**	227,78	**219,16**	1,21	**1,07**
G2003 i 04 - M2007	370,08	**321,29**	247,08	**226,55**	1,15	**1,12**
G2004 i 05 - M2008	279,22	**246,16**	195,32	**184,29**	1,16	**1,07**

Z analizy danych przedstawionych w Tabeli 2 wynika, że Metoda 2 z wykorzystaniem modelu sztucznej sieci neuronowej SSN jest dokładniejsza (daje mniejsze błędy) ze względu na trzy kryteria oceny: sumę kwadratów błędów *SKB*, sumę wartości bezwzględnych błędów *SWBB* oraz standardowy błąd prognozowanej wartości *SBPW*. W każdym badanym roku Metoda 2 z wykorzystaniem SSN dała lepsze wyniki, w porównaniu do Metody 1 - klasycznej statystycznej metody z regresją liniową, gdyż dawała mniejsze błędy we wszystkich kryteriach.

Na przykład analiza danych z wyników egzaminu gimnazjalnego 2003 i 2004 oraz egzaminu maturalnego 2007 dowodzi, że suma kwadratów błędów w Metodzie 2 (*SKB SSN*) wyniosła 321,29 i jest mniejsza od sumy kwadratów błędów w Metodzie 1 (*SKB L*), która wynosi 370,08. Podobnie jest w przypadku sumy wartości bezwzględnej błędów *SWBB SSN* = 226,55 w Metodzie 2 do *SWBB L* = 247,08 w Metodzie1. Standardowy błąd przewidywanej wartości *SBPW* w metodzie z *SSN* jest mniejszy i wynosi 1,12, natomiast w regresji liniowej (*SBPW L*) wynosi odpowiednio 1,15 i jest o 0,03 większy.

Na wykresie poniżej (patrz rys. 41) można zaobserwować różnice w obliczeniach *V(KL)* w jednej i drugiej metodzie. Z przyczyn oczywistych reprezentowane są dane dla jednej klasy, grupy 30 uczniów, wśród których znajduje się nasz analizowany uczeń X.

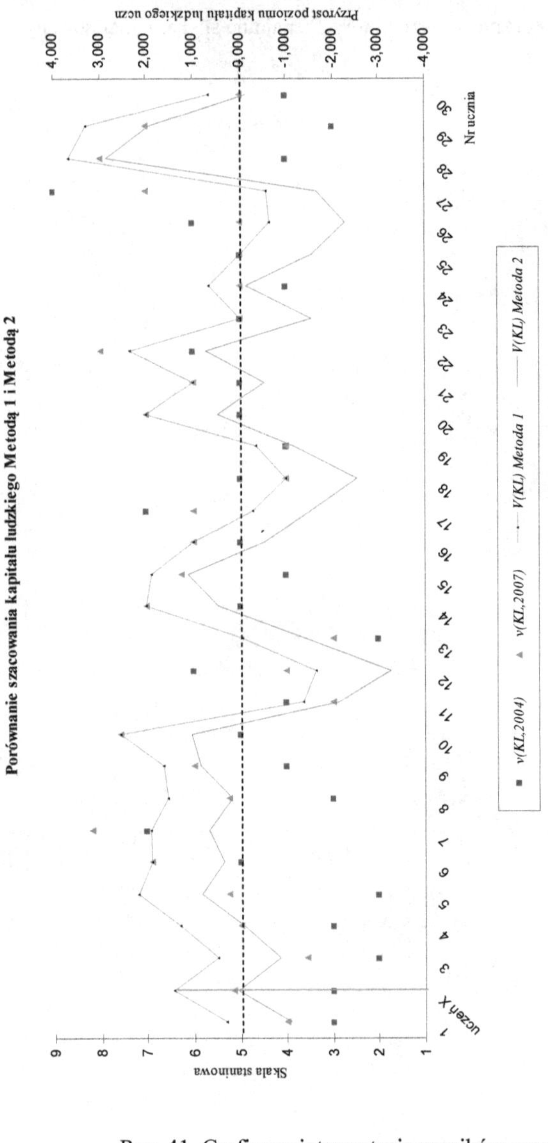

Rys. 41. Graficzna interpretacja wyników uzyskanych w Metodzie 1 i Metodzie 2 – fragment badań

6.10. Wnioski z porównania dwóch metod

Można zatem stwierdzić, że ze względu na przyjęte kryteria oceny, metoda SSN daje dokładniejsze szacowania przyrostu poziomu kapitału ludzkiego ucznia. Tym samym zastosowanie metod obliczeń inteligentnych, sztucznych sieci neuronowych, rozwiązuje problem nieliniowości w zależności wyników egzaminów wyższego szczebla od wyników egzaminów zewnętrznych niższego szczebla, sformułowany jako hipoteza *H1* we Wstępie książki.

Wykazano dużą przydatność sieci neuronowych do opracowywania i analizy szacowania poziomu kapitału ludzkiego ucznia. Okazało się, że elastyczność sieci neuronowych umożliwia poprawną estymację nieznanych zależności funkcyjnych. Techniki statystyczne w rozważanych problemach dawały nieco gorsze rezultaty. Istnieje zatem w praktyce możliwość wykorzystywania sztucznych sieci neuronowych do analizy zbiorów danych. Taką analizę można zawsze weryfikować lub doprecyzować przy pomocy standardowych metod statystycznych.

Oczywiście, nawet najbardziej dokładna predykcja wyników egzaminu wyższego szczebla nie rozwiązuje w pełni tak złożonego problemu jak szacowanie poziomu kapitału ludzkiego ucznia. Daje ona jednak podstawy do dalszych badań i analiz tego problemu. Ponadto, zdaniem autorki, dalsze badania nad Wirtualną Taśmą Produkcyjną oraz sztucznymi sieciami neuronowymi, powinny dać nowe narzędzia umożliwiające coraz to dokładniejszą i bardziej adekwatne szacowania poziomu kapitału ludzkiego, pojedynczej osoby (ucznia, pracownika itp.), jak też zespołu, grupy czy firmy, o czym możemy przeczytać w zakończeniu tej książki.

W podsumowaniu należy jeszcze zauważyć, że regresja liniowa (Metoda 1) jest bardzo prosta i znajduje się w typowym oprogramowaniu każdego komputera, podczas gdy stosowanie sztucznych sieci neuronowych (Metoda 2) wymaga dużego doświadczenia w doborze parametrów oraz specjalnego oprogramowania. W tej sytuacji zalecono dwuetapowe podejście do szacowania przyrostu kapitału ludzkiego ucznia lub wkładu szkoły w rozwój jego kapitału: 1) metoda regresji liniowej oraz 2) zbudowanie odpowiedniej sztucznej sieci neuronowej i akceptacja wyników Metody 2 tylko wtedy, gdy stanowi ona istotną poprawę w stosunku do Metody 1.

7. MODEL POMIARU KAPITAŁU SPOŁECZNEGO SZKOŁY

Rozdziały 5 i 6 były poświęcone szczegółowej analizie kapitału ludzkiego ucznia, natomiast w tym rozdziale przeanalizowano kapitał społeczny szkoły. Zaczęto od przedstawienia modelu współpracy nauczycieli w szkole, w postaci zachodzących relacji pomiędzy różnymi grupami przedmiotowymi.

7.1. Rodzaje relacji w szkole

By zaistniała relacja, czyli podstawowy składnik kapitału społecznego muszą być przynajmniej dwie osoby. W organizacji, jaką jest szkoła ten wymóg jest oczywiście zawsze spełniony i dalej analizowano różne rodzaje relacji jakie występują pomiędzy nauczycielami.

- Relacje formalne – zawodowe – głównie pomiędzy nauczycielami tych samych przedmiotów np. przedmiotów humanistycznych czy przyrodniczo-mateamtycznych;
- Relacje nieformalne – prywatne/emocjonalne – niezależnie od wykładanego przedmiotu, ale budujące dobrą/złą atmosferę pracy w szkole i wpływające pozytywnie lub negatywnie na proces kształcenia.

W pierwszej przymiarce do takiej analizy przyjęto, że w szkole mamy 6 zespołów/grup przedmiotów, tak jak na rys.42.

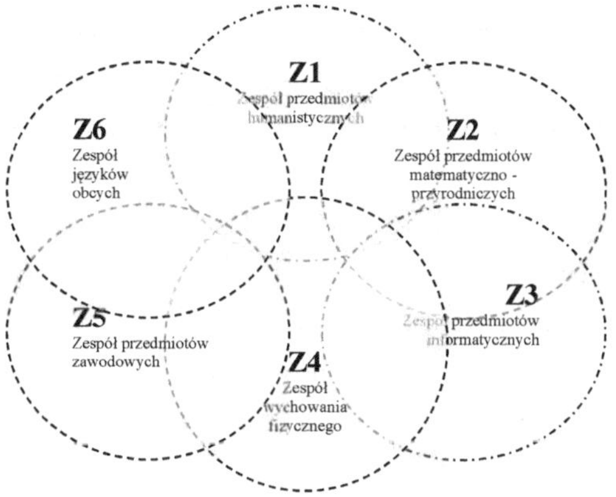

Rys. 42. Relacje przedmiotowe i międzyprzedmiotowe nauczycieli w szkole

Organizacja pracy szkoły wymusza na dyrektorze podział nauczycieli na zespoły przedmiotowe. Pomiędzy nauczycielami mogą zachodzić relacje formalne lub nieformalne. Z nauk o zarządzaniu wiemy, że potrzeba co najmniej dwóch osób, aby wystąpił efekt synergii, tj. by rezultat ich pracy był większy niż prosta suma rezultatów pracy poszczególnych pracowników. Można ten fakt zapisać następująco:

Załóżmy, że efekt pracy nauczyciela N_i przyjmuje wartość 1, tj. $P(N_i) = 1$, gdzie: $P(N_i)$ – to efekt pracy i-tego nauczyciela. Rozpatrzono współdziałanie dwóch nauczycieli, których efekty pracy pojedynczej również przyjmują wartości 1. Załóżmy, że:

$$P(N_i) = 1 \text{ oraz } P(N_j) = 1 \,. \tag{26}$$

W przypadku relacji pozytywnej pomiędzy nauczycielem N_i *i* N_j ich rezultat pracy będzie większy od prostej sumy efektów pracy każdego z nich osobno, a zatem:

$$P\,(N_i + N_j) > P(N_i) + P(N_j) \,. \tag{27}$$

W naukach o zarządzaniu zjawisko to nosi nazwę **synergii**. Stąd możemy przyjąć, że w przypadku $n \geq 2$ nauczycieli, gdy występuje synergia:

$$P(\sum_{i=1}^{n} N_i) > \sum_{i=1}^{n} P(N_i) \,. \tag{28}$$

Natomiast, gdy między nauczycielami zachodzi relacja negatywna (np. kłótnie, konflikty personalne, brak zaufania itd.), wówczas będziemy mieli sytuację odwrotną niż w (28). Jeżeli we wzorze (28) mamy równość to możemy powiedzieć, że nie występują żadne relacje pomiędzy nauczycielami lub, że nie mają one wpływu na ich pracę. Działanie poszczególnych typów relacji na efekt końcowy, można przedstawić schematycznie (patrz rys.43 i rys.44), gdzie wysiłek nauczycieli dobrze współpracujących przekłada się na osiągnięcie sukcesu, lepszego wyniku, satysfakcji itp. Brak relacji, a przede wszystkim relacje negatywne wcześniej lub później znajdzie swoje odzwierciedlenie np.: w spadku zainteresowania szkołą, w coraz słabszych wynikach uczniów na egzaminach zewnętrznych, itd.

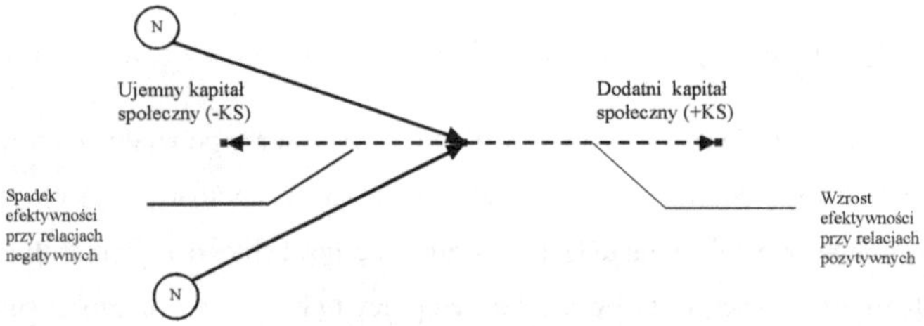

Rys. 43 Relacje pozytywne i negatywne, a efekt pracy

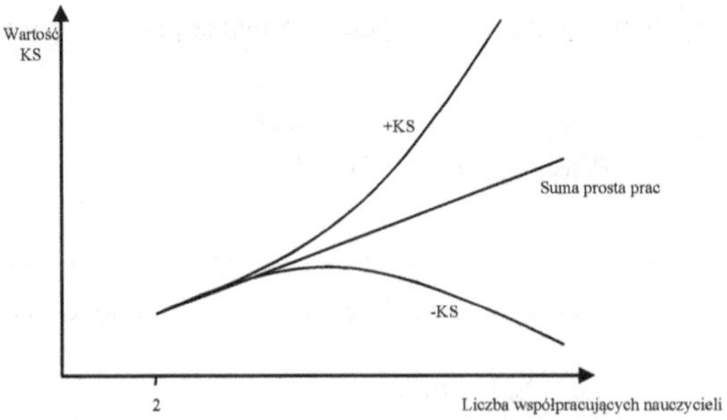

Rys. 44 Wykres zależności liczby nauczycieli w relacjach pozytywnych i negatywnych a wartością kapitału społecznego

Założono, że współpraca w zespole przedmiotowym pomiędzy nauczycielami układa się bardzo dobrze, czego wynikiem są rezultaty w postaci wyników na egzaminach, konkursach olimpiadach, ale w pewnym czasie t_x, relacje między nauczycielami pogorszyły się, co niestety miało wpływ na rezultaty ich pracy. Poziom kapitału społecznego oznaczono funkcją *v(KS,t)* w chwili *t* (patrz rys.45).

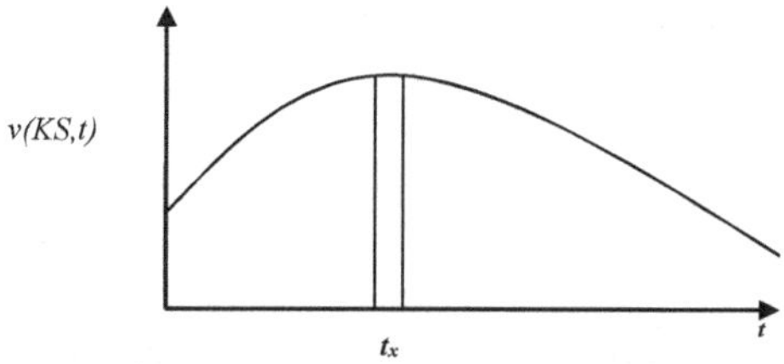

Rys.45. Zmiana wartości kapitału społecznego szkoły w czasie

Powyższe wykresy przedstawiają znaną prawdę życiową „Zgoda buduje – niezgoda rujnuje", tak też jest z wartością kapitału społecznego. Wartość kapitału społecznego jest tym wyższa, im lepsze są relacje pomiędzy pracownikami firmy czy organizacji, natomiast negatywne relacje obniżają wartość kapitału społecznego, a tym samym obniżają wartości niematerialne szkoły. Walukiewicz, 2006, udowodnił, że zawsze wartość kapitału społecznego jest większa od zera, a wartość zero przyjmuje dla firmy jednoosobowej.

Analizę kapitału społecznego w takich instytucjach jak uczelnia, szkoła, wygodnie jest podzielić na dwie fazy. W pierwszej fazie szacujemy wartość kapitału ludzkiego każdego pracownika osobno, natomiast w drugiej badamy relacje pomiędzy nauczycielami w grupach formalnych oraz nieformalnych tj. kapitał społeczny tej instytucji oraz jego wartość.

Przykład: Przyjrzyjmy się pracy dwóch szkół: szkoły X i szkoły Y. Zakładamy, że posiadają taką sama bazę, liczbę uczniów i nauczycieli. Różnić się one będą zasadniczo w organizacji procesu dydaktycznego.

Szkoła X ma tradycyjne podejście do ucznia, trzyma się sztywno programu, podziału na przedmioty, nauczyciele nie współpracują ze sobą, nie wymieniają doświadczeń, każdy traktuje swój przedmiot jako oddzielny materiał do zrealizowania na lekcjach i wpojenie uczniom encyklopedycznej wiedzy, brak jest kształtowania umiejętności kluczowych, czyli ponadprzedmiotowych itp., co przedstawiono na rys. 46.

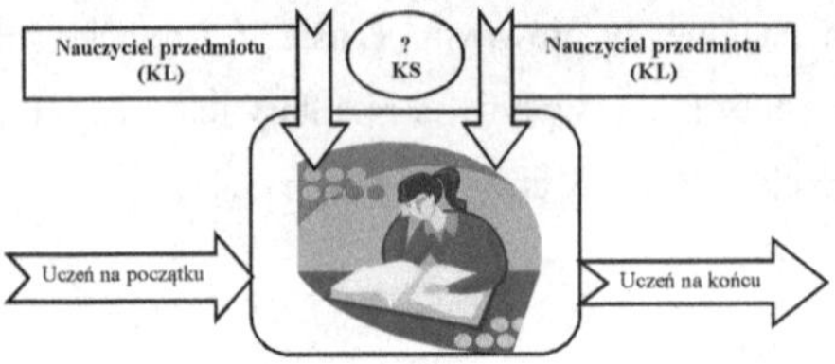

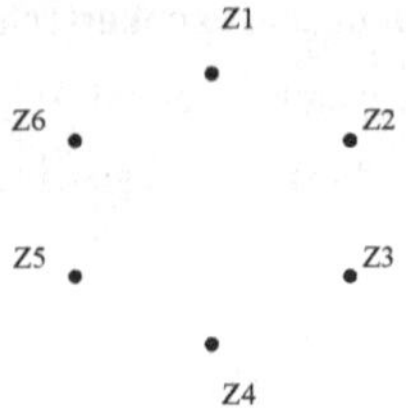

a) Proces dydaktyczny w szkole X. b) Graf pusty

Rys. 46. Szkoła X

Rys. 46b) przedstawia graf odpowiadający tej sytuacji. W teorii grafów taki gaf nazywamy pustym, w tym przypadku brak jest krawędzi łączących 6 wierzchołków odpowiadającym 6 zespołom przedmiotowym Z1, …, Z6 (patrz rys. 42).

Natomiast szkoła Y ma bardzo nowoczesny sposób zarządzania i organizowania procesu dydaktycznego. Nauczyciele bardzo mocno współpracują ze sobą, wymieniają doświadczenia, tworzą modułowe bloki przedmiotowe, wiążą je w zagadnienia międzyprzedmiotowe, wspierają teorię swoją praktyką i umiejętnościami, kreują wiedzę ucznia, nauczają umiejętności kluczowych/ponadprzedmiotowych itp. (patrz rys.47).

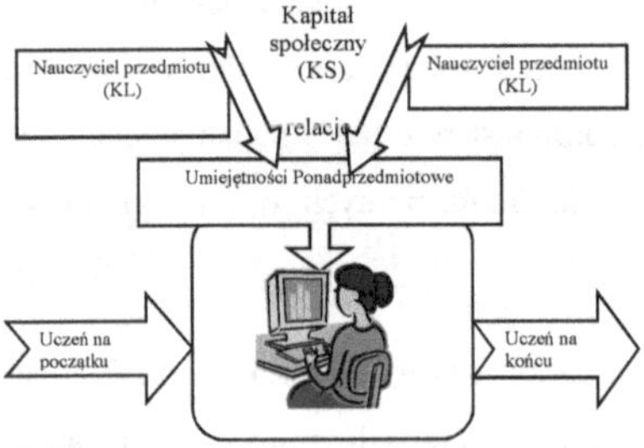

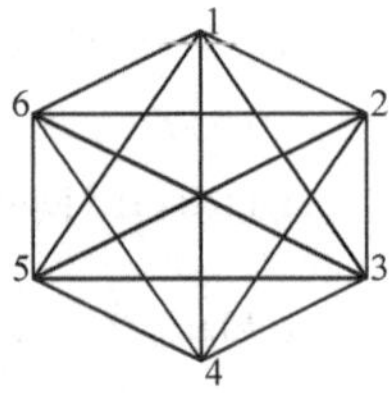

a) Proces dydaktyczny w szkole Y. b) Graf pełny

Rys. 47. Szkoła Y

Rys. 47b) przedstawia graf, w którym w odróżnieniu od rys. 46b) każdy z jego 6 wierzchołków ma połączenia ze wszystkimi pozostałymi wierzchołkami. W teorii grafów taki graf nazywamy pełnym.

Proces dydaktyczny w szkole Y jest traktowany jako wspólne zadanie wszystkich nauczycieli. Specjaliści przedmiotu stawiają sobie za główny cel podnoszenie efektywności nauczania i zwiększanie konkurencyjności szkoły. Ich kapitał ludzki jest na bardzo wysokim poziomie, mają doświadczenie, świadomość swojej wartości i wiedzy jaką posiadają, są zmotywowani do lepszej pracy. Nauczyciele w tej szkole wiedzą również, że bez współpracy, korelacji przedmiotów, nauczania blokowego nie osiągną sukcesu. Dlatego właśnie spróbujemy z dużym przybliżeniem oszacować ten zasób niematerialny na podstawie analizy kształcenia umiejętności kluczowych, umiejętności, które są tak ważne w procesie edukacyjnym i które są sprawdzane na egzaminach zewnętrznych. To przecież egzaminy zewnętrzne są obecnie główną podstawą do oceny pracy szkoły.

Szkoły X oraz Y potraktowano jako dwa skrajne przypadki w naszej analizie. W rzeczywistości mamy zwykle przypadki pomiędzy X oraz Y.

7.2. Model szacowania kapitału społecznego szkoły

Do szacowania poziomu kapitału społecznego szkoły wykorzystano ponownie model Wirtualnej Taśmy Produkcyjnej (WTP) (patrz rozdział 4.2 i rys.9), na której jest realizowany proces dydaktyczny, jako szereg operacji zachodzących na tej taśmie. W tej analizie zwrócono uwagę na następujące kwestie:

1. Czy nauczyciele są ekspertami wiedzy, wspieranymi nowoczesnymi środkami dydaktycznymi?
2. Czy w szkole jest wysoka kultura organizacyjna, w której szef (dyrektor) jest partnerem wspierającym proces edukacyjny?
3. Czy nauczyciele są zmotywowanie do lepszej pracy, stanowią zgrany zespół pracujący na wspólne dobro, czy są profesjonalistami stale podnoszącymi swoje kwalifikacje zawodowe?

Głównym celem pomiaru kapitału społecznego, czyli niematerialnego zasobu szkoły, będzie zebranie, opracowanie i analiza danych ankietowych z badania poziomu nauczania umiejętności kluczowych/ponadprzedmiotowych. To właśnie umiejętności kluczowe są coraz powszechniej uważane za najważniejsze w ocenianiu osiągnięć edukacyjnych uczniów w określaniu poziomu ich kapitału ludzkiego. Nauczyciele w ankiecie proszeni są o zaznaczenie stopnia realizacji kształtowania umiejętności kluczowych na swoim przedmiocie. Jeżeli nauczyciel stwierdza, że poziom realizacji którejś umiejętności na jego przedmiocie jest niski, powinien wpisać inny przedmiot, na którym według niego te umiejętności są kształtowane. Powstaje wówczas problem - brak relacji, jeżeli nauczyciele nawzajem wskazują przedmioty do realizowania tych umiejętności. Np. nauczyciel języka polskiego twierdzi, że poziom kształtowania skuteczności porozumiewania się w różnych sytuacjach jest niski i wskazuje WOS, a nauczyciel WOSu twierdzi, że ta umiejętność jest kształtowana na języku polskim. Powstaje tzw. „nisza", która może świadczyć o braku relacji nauczycieli języka polskiego z nauczycielami WOSu (patrz rys.48).

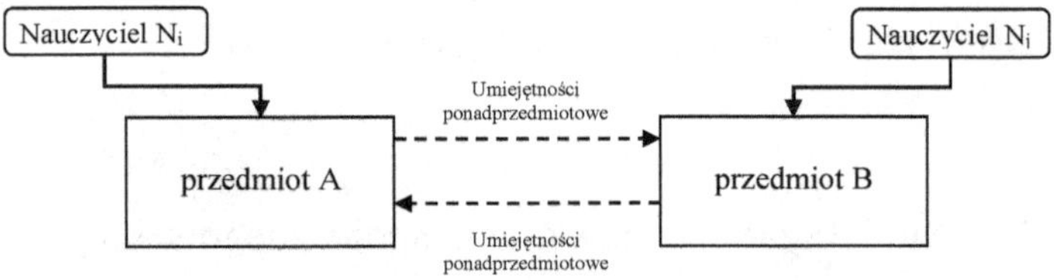

Rys.48. Brak relacji między nauczycielami, brak kształcenia umiejętności kluczowych

Gdy nauczyciele współpracują w zespole i międzyprzedmiotowo, to wymieniają się spostrzeżeniami, ustawicznie doskonalą swój warsztat pracy, a to oznacza, że budują kapitał społeczny szkoły. Nawet, jeżeli któryś z nauczycieli nie kształtuje wszystkich umiejętności, to w przypadku takiej współpracy ma świadomość, że te umiejętności są doskonalone na innym przedmiocie w stopniu możliwie najwyższym (patrz rys.49).

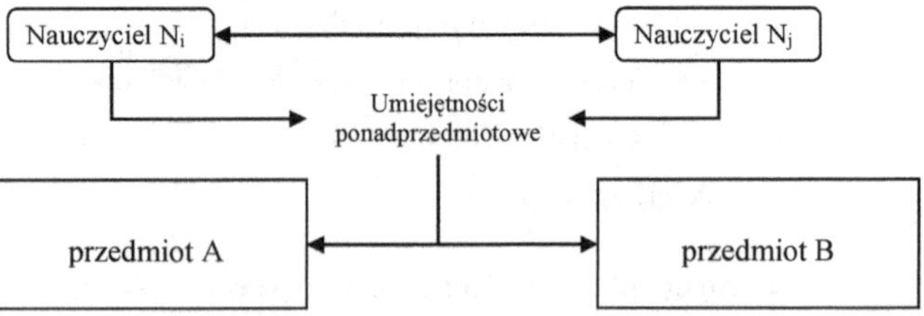

Rys.49. Współpraca nauczycieli (relacja), skoordynowane działania w zakresie kształcenia umiejętności ponadprzedmiotowych.

Wyniki badań ankietowych przeprowadzonych w jednej ze szkół ponadgimnazjalnych wykazują współpracę nauczycieli, a tym samym na istnienie kapitału społecznego. Nauczyciele kilku przedmiotów (języka polskiego, matematyki, fizyki) wskazują, że na ich zajęciach w stopniu niskim są realizowane umiejętności kluczowe z wykorzystaniem środków i narzędzi technologii informacyjnej, ale jednocześnie wskazali, że na zajęciach z informatyki te umiejętności są kształcone w stopniu wysokim. Podobne zdarzenie miało miejsce wśród nauczycieli historii i WOSu (patrz rys.50 oraz Tab. 3).

W celu lepszego zrozumienia interpretacji graficznej analizy wyników przeprowadzonej ankiety przypominamy jeszcze raz, zacytowane w rozdziale 4.3 umiejętności ponadprzedmiotowe, tym razem ponumerowane od *U1* do *U8*.

„Nauczyciele tworzą uczniom warunki do nabywania następujących umiejętności kluczowych:

U1. planowania, organizowania i oceniania własnej nauki, przyjmowania za nią coraz większej odpowiedzialności,

U2. skutecznego porozumiewania się w różnych sytuacjach, prezentacji własnego punktu widzenia i uwzględniania poglądów innych ludzi, poprawnym posługiwaniem się językiem ojczystym, przygotowania do publicznych wystąpień,

U3. efektywnego współdziałania w zespole i pracy w zespole, budowania więzi międzyludzkich, podejmowania indywidualnych i grupowych decyzji, skutecznego działania zachowania obowiązujących norm,

U4. rozwiązywanie problemów w sposób twórczy,

U5. poszukiwania, porządkowania i wykorzystania informacji z różnych źródeł oraz efektywnego posługiwania się technologiami informacyjnymi i komunikacyjnymi,

U6. odnoszenia się do praktyki zdobytej wiedzy, tworzenia potrzebnych doświadczeń i nawyków oraz efektywnego posługiwania się technologią informacyjną,

U7. rozwijania sprawności umysłowych oraz osobistych zainteresowań,

U8. przyswajania sobie metod i technik negocjacyjnego rozwiązywania konfliktów i problemów społecznych."

Tabela 3. Wyniki badań ankietowych

Umiej. ponad przed.	Zespół przedmiotów humanistycznych			Zespół przedmiotów matematyczno-przyrodniczych					Zespół języków obcych		Zespół w-f
	j. pol.	**hist.**	**WOS**	**matem**	**fizyka**	**chem**	**biol**	**geog**	**infor**	**j. ang**	**j.niem**	**wf**
U1	4	4	4	4	3	4	4	4	3	4	3	4
U2	5	4	5	4	3	3	4	3	3	4	4	3
U3	4	5	5	3	4	4	5	3	5	4	4	5
U4	4	5	5	3	3	4	4	4	5	3	3	3
U5	3	3	4	2I	4	3	3	3	5	3	3	2I
U6	2I	4	5	2I	2I	3	4	3	5	3	3	2I
U7	3	3	3	3	3	5	5	4	3	4	4	3
U8	3	2W	5	3	2W	3	3	3	3	4	3	3

Na rys.50. na osi *X* oznaczono etykiety z numerami umiejętności (*U1,...,U8*), natomiast na osi *Y* zaznaczono skalę oceny realizacji tych umiejętności na poszczególnych przedmiotach, od oceny niskiej (1), niżej średniej (2), średniej (3), wyżej średniej (4), do oceny wysokiej (5). Liniami przerywanymi zaznaczono wskazania ankietowanych na przedmiot, na którym według nich lepiej kształcona jest dana umiejętność niż na własnym przedmiocie.

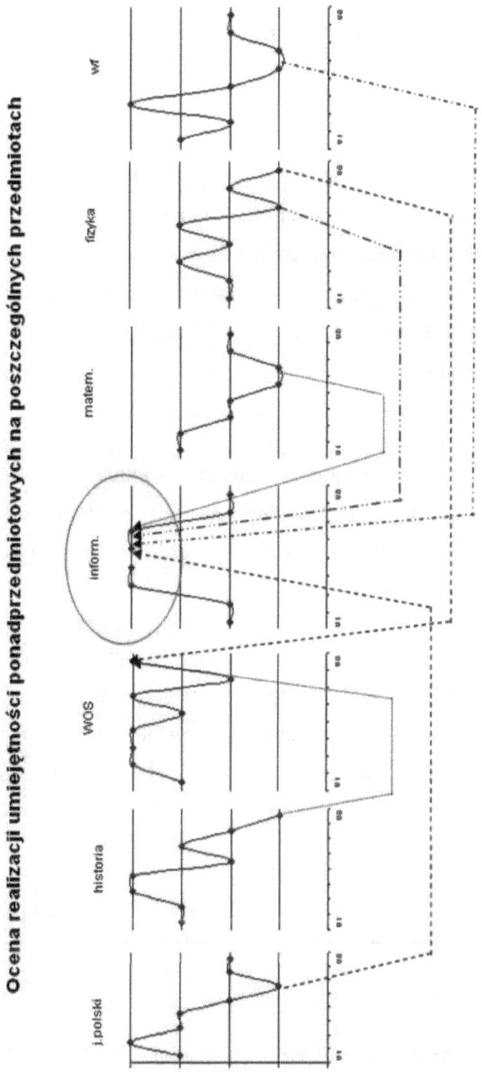

Rys. 50. Graficzna interpretacja analizy ankiety badającej stopień realizacji umiejętności ponadprzedmiotowych/kluczowych na zajęciach szkolnych *(fragment badań)*

Z badań tych wynikają między innymi wnioski, które relacje należy wzmocnić, bądź też budować od samego początku. Strzałkami zaznaczone są najważniejsze relacje międzyprzedmiotowe wskazane w badaniu ankietowym, bez których zakłócony byłby proces dydaktyczny, bez których prace na Wirtualnej Taśmie Produkcyjnej byłyby niemożliwe.

Należy zwrócić szczególną uwagę na fakt, że w centralnym miejscu znalazła się informatyka i kształtowane na tym przedmiocie umiejętności kluczowe. Występuje bardzo silny związek pomiędzy zapewnieniem przez szkołę wysokiej jakości kształcenia, a dostępem do środków i narzędzi technologii informacyjnej, z jej wykorzystaniem na poszczególnych przedmiotach oraz w procesie zarządzania placówką oświatową (patrz Wiktorzak A.A: *Zarządzanie zmianą a jakość placówki oświatowej*, Analiza systemowa w finansach i zarządzaniu, tom 9 pod red J. Hołubca, Warszawa 2007, s.221).

Badania ankietowe zastosowane w analizie kapitału społecznego szkoły umożliwia rozpoznanie sytuacji, a dokładnie mówiąc poziomu/wielkości relacji pomiędzy zespołami oraz jak te relacje zmieniają się w czasie. Naturalną jednostką czasu w takich badaniach wydaje się być rok szkolny.

Analiza wykonana w czasie t daje możliwość sprawdzenia postępów w porównaniu z rokiem $t-1$ i zaplanowanie programu naprawczego na rok $t+1$ (patrz rys.51). W szacowaniu poziomu kapitału społecznego szkoły powinniśmy znać postęp zmian, bo tylko wtedy będziemy mogli mówić o wpływie tych zmian na pomnażanie kapitału społecznego w danej szkole.

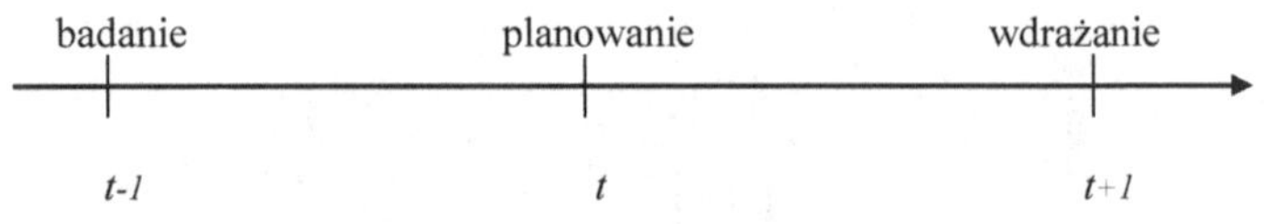

Rys. 51. Analiza stanu/wielkości relacji nauczycieli w szkole

W następnym punkcie omówiono jak schemat ten można wykorzystać w analizie współpracy nauczycieli na danej WTP.

7.3. Pojęcie bliskości

Głównym celem każdej jednostki oświatowej, szkoły, jest osiąganie sukcesów pedagogicznych w zakresie kształcenia i wychowania. Podnoszenie jakości pracy szkoły musi wiązać się z zaplanowaniem i realizacją zadań całego zespołu, całej rady pedagogicznej. Nie od dziś wiadomo, że sukces całej organizacji jest efektem świadomie i dobrze zorganizowanej pracy zespołowej. W nowoczesnej szkole nauczyciele efektywnie dzielą się wiedzą, doświadczeniem, współpracują, dążą do tych samych wartości i celów. Dyrektor od swoich pracowników wymaga kreatywności, zaangażowania, pomysłowości, współpracy i współodpowiedzialności w podejmowaniu decyzji. Ważne są tu wzajemne relacje pomiędzy nauczycielami i całymi zespołami samokształceniowymi oraz samoorganizacja całego procesu dydaktycznego, czyli ważne jest kształtowanie i rozwój kapitału społecznego.

Relacje formalne jak i nieformalne wprowadzone na początku tego rozdziału jest bardzo trudno analizować, gdyż jak pokazał to Li[70] trzeba pięciowymiarowego kryterium, aby odróżnić relacje formalne od nieformalnych. Oznacza to, że relacje te nie są rozłączne/ortogonalne (patrz Walukiewicz, 2008), a więc ich wartości, jeżeli kiedykolwiek będziemy potrafili je oszacować, nie możemy dodawać. Dlatego zamiast relacji formalnych lub nieformalnych wprowadzono pojęcie bliskości (ang. proximity) między nauczycielami pracującymi na danej Wirtualnej Taśmie Produkcyjnej (WTP) np. realizującej proces *P1* lub *P2*. Tak więc zamiast rozważać relacje miedzy nauczycielami w danej szkole, koncentrowano uwagę na bliskości między nimi, ale tylko w trakcie realizacji procesu dydaktycznego *P1* lub *P2* na danej WTP.

W potocznym rozumieniu **bliskość** to prawie to samo co podobieństwo lub sąsiedztwo. Tak więc sąsiednie domy, kraje itp. są bliskie sobie (geograficznie), specjaliści/eksperci o podobnych zainteresowaniach, wiedzy, doświadczeniu, itp. są bliscy sobie twórczo, dwie osoby o podobnym sposobie reagowania na daną rzeczywistość są bliskie sobie emocjonalnie. Mówimy, że dwie firmy mają bliskie (podobne) struktury organizacyjne itd.

---

[70] Li, P.P. (2007): *Social tie, social capital, and, social behavior: Toward an integrative model of informal exchange*, "Asia Pacific J. Management", 24, s.227-246.

Pojęcie bliskości, po raz pierwszy zostało wprowadzone w tzw. szkole francuskiej (Torre i Gilly (2000), Torre i Rallet (2005), Rallet i Torre (1999)) oraz współcześnie przez Menzela (2006). Bliskość podobnie jak kapitał jest pojęciem wielowymiarowym. Menzel w 2006 roku wprowadził 4 formy bliskości:

i) bliskość twórcza/technologiczna,

ii) bliskość emocjonalna,

iii) bliskość przestrzenna,

iv) bliskość organizacyjna.

Walukiewicz w 2008 roku udowodnił, że te cztery formy bliskości są rozłączne, a więc ich wartości (użyteczności) możemy dodawać.

Te cztery formy bliskości omówimy na przykładzie szkoły ponadgimnazjalnej:
Bliskość twórcza (BT) - pomiędzy nauczycielami N_i oraz N_j oznacza, że mają oni podobne doświadczenie, wiedzę, korzystają z tych samych terminów, oznaczeń itd. w procesie dydaktycznym, na danej WTP, w danym roku szkolnym. Ta współpraca może obejmować realizowanie programu dydaktycznego w danym roku t lub planowanie procesu dydaktycznego dla roku $t+1$. Oczywiście możliwa jest współpraca między nauczycielami N_i oraz N_j w roku t, ale nie musi ona być w roku $t+1$.

Bliskość emocjonalna (BE) – między nauczycielami N_i oraz N_j jest związana z relacjami emocjonalnymi, jakie zachodzą między nimi jako dwoma istotami ludzkimi (zgoda, szacunek, konflikty personalne, donosicielstwo itp.). Bliskość emocjonalna między nauczycielami jest zawsze niezależna od programu, procesu dydaktycznego czy zadań realizowanych w szkole. Może ona ułatwiać lub utrudniać współpracę tych nauczycieli na danej WTP.

Bliskość przestrzenna (BP) – pomiędzy nauczycielami N_i oraz N_j oznacza możliwość istnienia bezpośredniego kontaktu tzw. face–to–face. W analizowanej szkole ta bliskość istnieje zawsze i w związku z tym, nie będziemy jej tu szerzej omawiać. Ale można sobie wyobrazić, że jeden z nauczycieli odsiaduje w więzieniu wyrok i wtedy nie ma bliskości przestrzennej między nim a pozostałymi nauczycielami na danej WTP.

Bliskość organizacyjna (BO) – między nauczycielami N_i oraz N_j oznacza ich współpracę z punktu widzenia danej organizacji. W analizowanej szkole taka relacja/bliskość zawsze zachodzi, natomiast można sobie wyobrazić współpracę, a właściwie brak bliskości organizacyjnej pomiędzy szkołą amerykańską i szkołą irańską, gdzie ze względów politycznych bliskość organizacyjna nie może obecnie zaistnieć.

Bliskość jest dwuargumentową relacją pomiędzy N_i oraz N_j. Rozróżniamy relacje symetryczne i niesymetryczne. Łatwo zauważyć, że relacja bliskości twórczej jest niesymetryczna, gdyż z faktu np., że nauczyciel N_i ufa nauczycielowi N_j, nie wynika że nauczyciel N_j ufa nauczycielowi N_i. Również bliskość emocjonalna jest relacją niesymetryczną gdyż np. z faktu że N_i szanuje N_j nie oznacza na odwrót. Natomiast bliskość przestrzenna i bliskość organizacyjna są symetryczne, gdyż jeżeli N_i może spotkać się z N_j „twarzą w twarz", to wynika też że N_j może spotkać się z N_i. Podobnie, jeżeli N_i pracuje w tej samej organizacji co N_j, to N_j pracuje w tej samej organizacji co N_i. Co więcej Walukiewicz, 2008, udowodnił, że te cztery formy bliskości są rozłączne i ortogonalne (patrz rys.52).

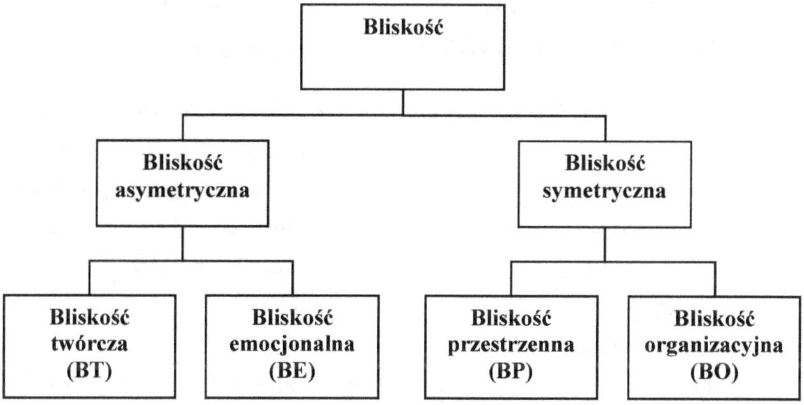

Rys. 52. Różne formy bliskości

7.4. Bliskość twórcza

W przypadku analizowanej szkoły średniej, najbardziej istotne są bliskość twórcza i bliskość emocjonalna. Dlatego te dwie formy bliskości omówiono na przykładzie procesu *P2* (nauczanie umiejętności ponadprzedmiotowych/kluczowych). W pierwszym przybliżeniu przyjęto, że proces ten realizowany jest w 6 zespołach przedmiotowych na Wirtualnej Taśmie Produkcyjnej w ciągu jednego roku szkolonego *t* (patrz rys. 53). Można w związku z tym zbadać wszystkie bliskości twórcze między zespołami Z_i (*Z1, ..., Z6*).

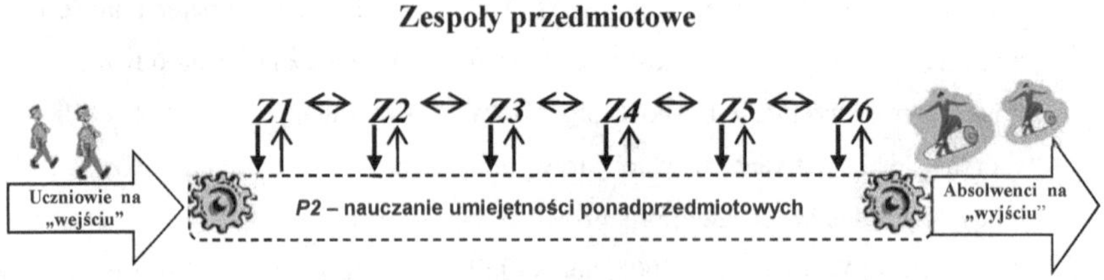

Rys. 53 Bliskość twórcza między zespołami przedmiotowymi Z_i w procesie *P2*

Przeanalizowano bliskość twórczą między dwoma przykładowymi zespołami Z_i oraz Z_j w procesie *P2* – nauczanie 8 umiejętności kluczowych.

Wprowadzono pojęcie odległości twórczej (dystans *d*) między tymi zespołami, jako pewną miarę różnicy wiedzy, doświadczenia itp., jakie te zespoły mają na temat nauczania umiejętności kluczowych. Jeżeli te zespoły mają dokładnie tę samą wiedzę na ten temat to odległość twórcza między nimi jest równa zeru ($d = 0$), czyli użyteczność (funkcja użyteczności *u)* lub pożytek z ich współpracy jest również równy zeru. Jeżeli jeden z zespołów wie wszystko o nauczaniu tych umiejętności, a drugi zespół nie wie nic, to odległość twórcza jest największa z możliwych i bez straty ogólności możemy przyjąć, że jest równa jedności ($d = 1$). Jest oczywiste, że w tym przypadku użyteczność tej bliskości twórczej jest również równa zeru. Naturalnym wydaje się więc przyjęcie następującego założenia, że użyteczność współpracy twórczej zmienia się wg krzywej jak na rys. 54, która przypomina krzywą Gaussa.

Z rozważań wynika, iż prawdziwe są następujące zależności:
Niech *BT* oznacza bliskość twórczą, Z_i oraz Z_j – zespoły przedmiotowe w procesie *P2* , *t* – czas - rok szkolny, *d* - dystans pomiędzy dwoma zespołami, natomiast $u(BT, Z_i, Z_j, t)$ - oznacza użyteczność współpracy twórczej zespołu Z_i z zespołem Z_j w roku szkolnym *t*, w realizacji procesu *P2* na danej WTP. Rozważania zapisano jako:

$$d(BT, Z_i, Z_j) \in [0,1]$$
$$d(BT, Z_i, Z_j) = 0 \Rightarrow Z_i = Z_j \Rightarrow u(BT, Z_i, Z_j, t) = 0$$
$$d(BT, Z_i, Z_j) = 1 \Rightarrow Z_i \neq Z_j \Rightarrow u(BT, Z_i, Z_j, t) = 0$$

W oznaczeniu $u(BT, Z_i, Z_j, t)$ występowanie zespołu Z_i przed zespołem Z_j oznacza, że jest on liderem w tej współpracy np. określa jej tematykę i zakres, wtedy w ogólnym przypadku mamy:

$$u(BT, Z_i, Z_j, t) \neq u(BT, Z_j, Z_i, t),$$

gdyż jak to wykazano bliskość twórcza jest niesymetryczna (rys. 54).

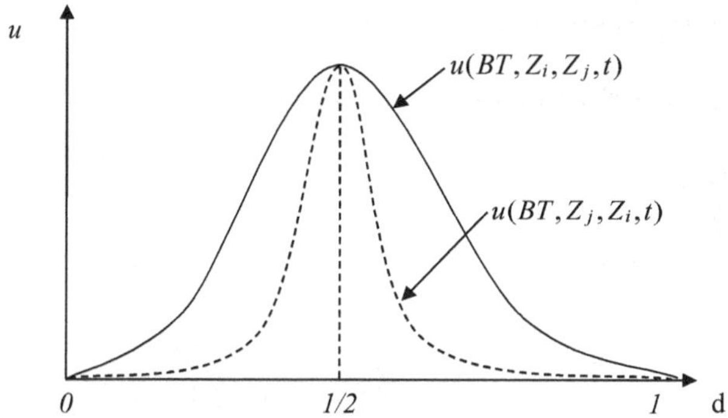

Rys. 54. Interpretacja graficzna bliskości twórczej pomiędzy zespołami Z_i oraz Z_j

Podaną na rys. 54 krzywą przerywaną, należy interpretować tak, że zespół Z_j ma mniejszą wiedzę i doświadczenie o procesie *P2* na danej WTP niż zespół Z_i. Dlatego, jeżeli Z_j będzie liderem w tej współpracy, to jej zakres będzie znacznie węższy niż w przypadku, gdy Z_i będzie określał jej tematykę i zakres.

7.5. Bliskość emocjonalna

W analizie bliskości emocjonalnej pomiędzy nauczycielami N_i oraz N_j traktowanych jako np. liderów formalnych bądź nieformalnych dwóch rozważanych zespołów przedmiotowych, również wprowadzono miarę odległości emocjonalnej (dystans *d*), czyli stanu emocji w ich wzajemnych relacjach. Jeżeli pomiędzy nimi panuje zgoda, szacunek itp., to powiemy, że odległość emocjonalna między nimi jest równa zeru ($d = 0$). Jeżeli te osoby różnią się w emocjach diametralnie, to można przyjąć bez straty ogólności, że odległość emocjonalna między nimi jest równa jedności ($d = 1$). Gdy odległość emocjonalna jest równa zeru ($d = 0$), to użyteczność bliskości emocjonalnej *u* jest możliwie największa i oznaczymy ją jako 1. Gdy odległość emocjonalna równa jest jedności ($d = 1$), to użyteczność bliskości emocjonalnej *u* jest najmniejsza i wynosi zero. Na rys. 55 przedstawiamy dwa przykłady bliskości emocjonalnej pomiędzy N_i oraz N_j.

Niech *BE* oznacza bliskość emocjonalną między nauczycielami N_i oraz N_j w procesie *P2* w czasie *t* - rok szkolny, natomiast $u(BE, N_i, N_j, t)$ - oznacza użyteczność bliskości emocjonalnej dla współpracy N_i z N_j na danej WTP w roku *t*.

Podobnie jak w przypadku bliskości twórczej zachodzą relacje:

$$d(BE, N_i, N_j) \in [0,1]$$
$$d(BE, N_i, N_j) = 0 \Rightarrow N_i = N_j \Rightarrow u(BE, N_i, N_j, t) = 1$$
$$d(BE, N_i, N_j) = 1 \Rightarrow N_i \neq N_j \Rightarrow u(BE, N_i, N_j, t) = 0$$

W ogólnym przypadku mamy:

$$u(BE, N_i, N_j, t) \neq u(BE, N_j, N_i, t),$$

gdyż bliskość emocjonalna jest niesymetryczna. Podobnie jak w przypadku bliskości twórczej $u(BE, N_i, N_j, t)$ oznacza, iż nauczyciel N_i jest liderem tej współpracy i wtedy z rys. 55 można odczytać, że ma on mniejszy próg tolerancji, niż nauczyciel N_j.

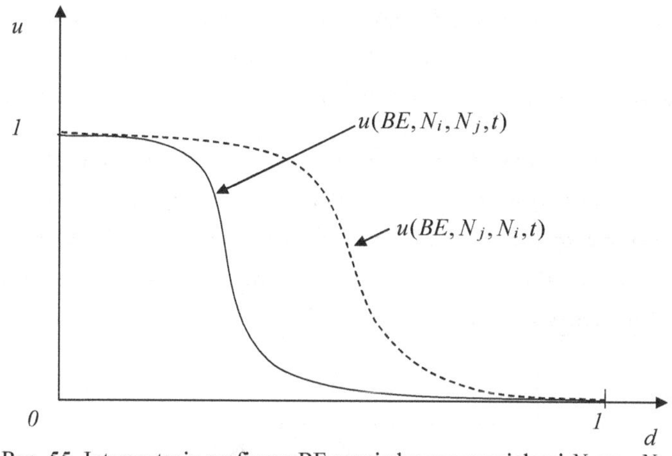

Rys. 55. Interpretacja graficzna BE pomiędzy nauczycielami N_i oraz N_j

Nauczanie umiejętności ponadprzedmiotowych/kluczowych zapisanych w każdej podstawie programowej (proces *P2*) jest jednym z najważniejszych elementów pracy pedagogicznej. Zachodzące relacje pomiędzy nauczycielami i całymi zespołami mają ogromny wpływ na jakość tego procesu. Analizując proces *P2* z wykorzystaniem modelu Wirtualnej Taśmy Produkcyjnej, przyjrzymy się dokładnie umiejętnościom kluczowym (*U1, ..., U8*) i zadaniom, jakie realizują poszczególne zespoły (*Z1,..., Z6*). Można problem przydziału zadań związanych z nauczaniem umiejętności ponadprzedmiotowych, porównać do problemu przydziału operacji robotnikom na Klasycznej Taśmie Produkcyjnej (KTP) tak, aby taśma poruszała się z maksymalną prędkością. Łatwo można zauważyć, że przydział ekspertów/nauczycieli do zadań związanych z nauczaniem umiejętność kluczowych na WTP jest związana z bliskością twórczą i emocjonalną między nauczycielami N_i oraz N_j, jak i też między całymi zespołami Z_i oraz Z_j.

Zwykle takie WTP nie są budowane od zera (od samego początku), ale jest już zespół nauczycieli, który ma pewne doświadczenia w nauczaniu umiejętności kluczowych (proces *P2*) zdobyte w przeszłości, w latach *t-1, t-2,* itd., a teraz w roku szkolnym *t* chce zmodyfikować daną WTP po to, aby lepiej nauczać jedną lub kilka spośród umiejętności *U1, ..., U8* w roku *t+1, t+2*, itd. Założono, że taka modyfikacja WTP polega na powiększeniu zespołu nauczycieli, co zawsze można zrealizować jako sekwencję powiększania tego zespołu o jednego nauczyciela N_i wybieranego z określanego zbioru kandydatów. Wtedy dla każdego N_i musimy określić jego użyteczność twórczą i użyteczność emocjonalną we współpracy z każdym nauczycielem realizującym proces *P2* na danej WTP w czasie *t* zgodnie z rys. 54 oraz rys. 55.

Wyznaczenie takich krzywych jak na rys. 54 lub na rys. 55 może być dzisiaj niemożliwe z uwagi na brak danych. Dlatego w pierwszym przybliżeniu zaproponowano zastąpienie krzywej na rys. 54 trapezem, takim jak na rys. 56. Wtedy, zakładając, że krzywa rys.54 jest symetryczna, potrzeba będzie wyznaczyć za pomocą np. badań ankietowych tylko punkt A (patrz rys.56).

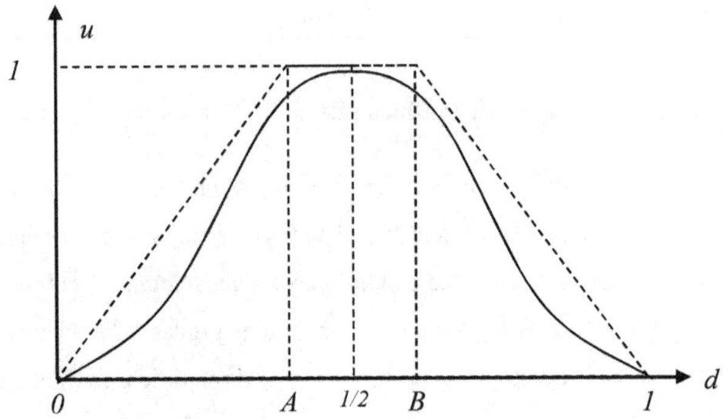

Rys. 56. Przybliżony obraz bliskości twórczej

Podobnie zamiast krzywej na rys. 55 możemy rozpatrywać jej pierwsze przybliżenie narysowane na rys. 57 linia przerywaną.

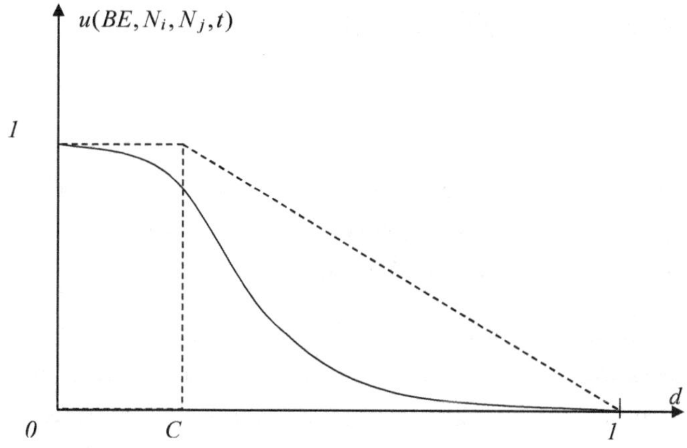

Rys. 57. Przybliżony obraz bliskości emocjonalnej

Wtedy trzeba będzie za pomocą np. ankiet, wyznaczyć tylko punkt C, który może być interpretowany jako próg tolerancji nauczyciela N_i we współpracy z nauczycielem N_j.

Autorka książki podkreśla, że analizę teorii bliskości przeprowadzonej na przekładzie szkoły ponadgimnazjalnej należy traktować jako pierwszą, zgrubną przymiarkę do pełnego zgłębienia tego zagadnienia. Jak na razie zaznaczono jedynie początek, kierunek działań, jakie należy podjąć w badaniu wpływu bliskości, relacji itp. w procesie budowania kapitału społecznego.

8. PODSUMOWANIE

Pośrednim celem tej książki było wykazanie, jak istotną rolę w edukacji pełnią pojęcia kapitału ludzkiego i kapitału społecznego. W przekonaniu autorki ich rola będzie jeszcze bardziej rosła w najbliższej przyszłości i to w dwóch aspektach: praktycznym, co wykazano w prezentowanych niżej rekomendacjach oraz teoretycznym, co omówiono we wnioskach o tematyce przyszłych badań.

Jak wykazano w książce, kapitał ludzki danej osoby jest tworzony/budowany przez całe życie, ale edukacja szkolna, a szczególnie szkoła ponadgimnazjalna jest niezwykle ważnym okresem w tym procesie. Z pewnym zacięciem publicystycznym można powiedzieć, że w gospodarce opartej na wiedzy, każdy człowiek jest kapitalistą, zarządzającym swoim kapitałem ludzkim, sprzyjającym lub nie jego powiększaniu, jego orientacji i rozwojowi, a największe sukcesy odniosą te kraje/regiony, w których tak rozumiani kapitaliści połączą się, tworząc kapitał społeczny danego kraju lub regionu. W tym zarządzaniu, zarówno kapitałem ludzkim, jak i społecznym, bardzo istotna jest metodologia pomiaru wartości/ważności tych obu kapitałów, co wielokrotnie podkreślano w tej książce.

Jeżeli chodzi o kapitał ludzki, to niżej prezentowane rekomendacje mają na celu stworzenie **jednego, logicznie spójnego systemu pomiaru kapitału ludzkiego na wszystkich szczeblach edukacji, który w stosunkowo krótkim czasie można wprowadzić drogą ewolucyjną, a nie rewolucyjną do polskiej edukacji.** System ten umownie nazwany **„Od domu do dyplomu"** obejmuje czas od wyjścia pięcio – lub sześciolatka z domu rodzinnego od zerówki do momentu uzyskania dyplomu licencjata, inżyniera, magistra, czy doktora, gdy doktoraty będą bardziej popularne w Polsce. Kolejność poniższych rekomendacji ma znaczenie. Szczegółowe omówienie każdej tych rekomendacji wymaga oddzielnego opracowania i będzie tematem przyszłych publikacji. Tu z uwagi na charakter książki poprzestano na prezentacji zasadniczych tez tych rekomendacji.

Logiczna spójność. Zaproponowano, aby egzaminy na każdym szczeblu edukacji były tylko pisemne, kodowane, oceniane przez zewnętrznych egzaminatorów i składające się zawsze z trzech części:

- humanistycznej,

- matematyczno – przyrodniczej,
- języka/języków obcych.

Oczywiście zakres tych egzaminów zmieniałby się zależnie od poziomu edukacji i charakteru szkoły (inny byłby w szkole podstawowej, inny w gimnazjum, a jeszcze inny na maturze, podobnie jak różniłby się w klasach humanistycznych i matematycznych). Dzisiaj brak jest takiej logicznej spójności: na egzaminie szóstoklasisty (jeden spójny test) sprawdzane są umiejętności ucznia ze wszystkich przedmiotów (oprócz języków obcych), podczas gdy na egzaminie gimnazjalnym mamy już podział na część humanistyczną i matematyczną – przyrodniczą, a na maturze spotykamy się z jeszcze bardziej rozbudowaną strukturą podziału na: przedmioty, języki obce, na części pisemne i ustne.

Propozycje ujednolicenia egzaminów zewnętrznych były już wielokrotnie zgłaszane i dyskutowane (np.: Szalaniec H.: *Refleksje na temat rozwoju sytemu egzaminacyjnego*, XIII KDE 2007, Stożek E.: *Refleksyjny praktyk wobec edukacyjnej wartości dodanej*, XIV KDE 2008), ale z pewnością upłynie jeszcze wiele lat, zanim będzie można przedstawiać w Polsce spójny system egzaminów zewnętrznych po każdym szczeblu edukacji.

Dokładność pomiarów. Należy przyjąć, że na każdym egzaminie i w każdej części wyniki są mierzone w tej samej skali i w tych samych jednostkach (np. w punktach w skali od 1 do 100, co daje maksymalnie 300 punktów za cały egzamin). Również ważna jest jednolita interpretacja tych wyników np. w skali staninowej. Zauważmy, że dziś tak nie jest, gdyż wyniki gimnazjalne podaje się w punktach od 0 do 50 punktów (łącznie z obu części można uzyskać 100 punktów), a na maturze wyniki podaje się w % po uprzedniej ocenie w punktach, przy czym są różne skale punktowe dla różnych przedmiotów. Co więcej, tracimy dokładność pomiarów przechodząc z punktów lub z % do przedziałów skali staninowej (patrz podrozdział 5.1). Na przykład wynik 35 pkt. z części matematyczno – przyrodniczej, może w danym roku mieścić się w staninie 6, ale również wynik 40 pkt., też może znaleźć się w tym samym staninie. Przedziały punktowe (rozpiętość punktowa) w niektórych staninach, w poszczególnych latach i dla poszczególnych przedmiotów są znaczne i sięgają niekiedy kilkunastu punktów.

Przejście od *P1* do *P2*. Zdano sprawę, że przejście od nauczania mniej lub bardziej odseparowanych przedmiotów (proces *P1*) do nauczania umiejętności ponadprzedmiotowych (proces *P2*) wymaga wielu wysiłków i zmian (zmniejszenie liczebności klas, odpowiedniego przygotowania nauczycieli, dalsza informatyzacja szkół itp.), ale należy o tym myśleć i proces takiego przejścia, odpowiednio zaplanować. Należy między innymi wspomagać szkoły, które chociaż częściowo mogą zrealizować takie przechodzenie od *P1* do *P2*, by zdobyć jak najwięcej praktycznych doświadczeń. Warto położyć większy nacisk na jakość kształcenia, poprzez odejście od encyklopedycznej wiedzy do rozwiązywania praktycznych, logicznych problemów i zadań. Należy również wzmóc prace nad spójnością przedmiotów oraz metodami aktywizującymi i to wszystko po to, aby absolwenci naszych szkół byli rzeczywiście konkurencyjni na rynku edukacji i pracy.

W książce wykazano, że w ogólnym przypadku sztuczne sieci neuronowe (SSN) lepiej niż analiza regresji przybliża przyrost kapitału ludzkiego ucznia, szacowany na podstawie wyników uzyskanych na egzaminach gimnazjalnych i maturalnych. Tym samym można sformułować tezę, iż SSN rozwiązują problem nieliniowości w szacowaniu poziomu kapitału ludzkiego ucznia. Jak to opisano w podrozdziale 6.7, w praktyce należy postępować dwuetapowo:

Etap 1: Szacowanie za pomocą regresji liniowej.
Etap 2: Zbudowanie odpowiedniego modelu SSN i przyjęcie wyników szacowania tylko w przypadku, gdy są one lepsze niż uzyskane w Etapie 1.

Zdaniem autorki tematyka przyszłych prac powinna się koncentrować na strukturze SSN oraz technikach doboru parametrów takich sieci.

W książce wykazano również, że WTP jest dobrym i użytecznym modelem/narzędziem do analizy procesów *P1* oraz *P2* jako twórczych procesów dydaktycznych. Tak jak Henry Ford praktycznie udowodnił, że prości robotnicy na KTP mogą produkować bardzo zaawansowane technicznie samochody, tak sformułowano podobną tezę: nawet średnio zdolni nauczyciele przy odpowiednio dobrze zaprojektowanej WTP mogą wychować geniuszy. Wprowadzone w podrozdziale 7.3 pojęcie bliskości twórczej i emocjonalnej powinny ułatwić projektowanie WTP, co będzie zasadniczym tematem przyszłych prac naukowych autorki tej książki.

Bibliografia

[1] Apanowicz J.: *Metodologiczne uwarunkowania pracy naukowej, Prace doktorskie, Prace habilitacyjne,* Centrum Doradztwa i Informacji Difin, Warszawa 2005

[2] Ballad D.H.: *An Introduction to Natural Computation*, Cambridge, MA MIT Press 1997.

[3] Bartmańska A.: *Wartość dodana wyniku kształcenia a interpretacja wyników egzaminu zewnętrznego*, EGZAMIN, Biuletyn badawczy CKE, Komunikowanie wyników egzaminów zewnętrznych 3/2004.

[4] Becker G.S.: *Human Capital*, NBER, New York 1975.

[5] Bereziński M., Hołubiec J.: *Ku humanizacji teorii kapitału intelektualnego*, Mazowieckie Studia Humanistyczne, Nr 1-2, 2004

[6] Bishop C.M.: *Neural Networks for Pattern Recognition*, Oxford, Wielka Brytania, Clarendon Press 1995.

[7] Bloom B.S.: *Human Characteristics and School Learning*, New York 1976, McGraw-Hill.

[8] Bochniarz P., Gugała K.: *Budowanie i pomiar kapitału ludzkiego w firmie*, Człowiek w firmie, Poltext, Warszawa 2005.

[9] Bourdieu P., Passeron J.C.: *Reprodukcja. Elementy teorii systemu nauczania*, PWN, Warszawa 1990.

[10] Bourdieu P., Wacquant L.J.D.: *Zaproszenie do socjologii refleksyjnej*, Oficyna Naukowa, Warszawa 2001.

[11] Bullen P., Onyx J.: *Measuring Social Capital in Five Communities in NSW* – A Practitioners Guide, January 1998 cytowany przez Dyduch W.: *Kapitał społeczny organizacji pożywką przedsiębiorczości i innowacyjności*, materiały pokonferencyjne strona http://www.zti.com.pl.

[12] Cichosz P.: *Systemy uczące się*, Wydawnictwa Naukowo-Techniczne, Warszawa 2000.

[13] Cohen D., Prusak L.: *In Good Company: How Social Capital Makes Organizations Work.* "Harvard Business School Press", Boston 2001.

[14] Coleman J. S.: *Foundations of Social Theory*, Cambridge, Mass.: Harvard University Press, 1990.

[15] Coleman J.S.: *Social Capital in the Creation of Human Capital*, „American Journal of Sociology" 1998, nr 94, supplement.

[16] Czajka M.: *Matlab ćwiczenia*, wyd. HELION 02/2005

[17] Denek K.: *Inwestowanie w kształcenie. Edukacja jutra* (VII Tatrzańskie Seminarium Naukowe), Częstochowa 2001.

[18] Dolata R.: *Edukacyjna wartość dodana w komunikowaniu wyników egzaminów zewnętrznych,* EGZAMIN, Biuletyn badawczy CKE, Komunikowanie wyników egzaminów zewnętrznych 3/2004.

[19] Dolata R.: *Edukacyjna wartość dodana, czyli jak wykorzystać wyniki egzaminów zewnętrznych do oceny efektywności nauczania*, CODN, Dyrektorzy e-czytelnia 2007.

[20] Domański S. R.: *Kapitał ludzki i wzrost gospodarczy*, PWN, Warszawa 1993.

[21] Draper N.R., Smith H.: *Applied Regression Analysis*. New York, Wiley 1981.

[22] Duch W., Korbicz J., Rutkowski L., Tadeusiewicz R.: *Sieci neuronowe. Biocybernetyka i inżynieria biomedyczna*, tom 6, wyd. EXIT 2000

[23] Dyduch W.: *Kapitał społeczny organizacji pożywką przedsiębiorczości i innowacyjności,* materiały pokonferencyjne strona http://www.zti.com.pl

[24] Edvinsson L. and Malone M.S.: *Intellectual Capital. The Proven Way to Establish your Company's Real Value by Measuring its Hidden Brainpower*, HaperBusiess, London 1997, patrz również polski przekład: *Kpitał intelektualny. Poznaj prawdziwą wartość swojego przedsiębiorstwa odnajdując jego ukryte korzenie*, Wydawnictwo Naukowe PWN, Warszawa 2001.

[25] Fazlagić J. A. *Wiedza kolektywna na przykładzie polskiej oświaty*, czasopismo internetowe SGH w Warszawie „E-mentor" nr1/2008

[26] Ferguson G. A., Takane Y.: *Analiza statystyczna w psychologii i pedagogice*, Wydawnictwo Naukowe PWN, Warszawa 2003.

[27] Fitz-Enz J.: *Rentowność inwestycji w kapitał ludzki*, Oficyna Ekonomiczna – Dom Wydawniczy ABC, Kraków 2001.

[28] Frąckiewicz L., Rączaszka A.: *Kapitał społeczny*, Wydawnictwo AE w Katowicach, 2004.

[29] Fukuyama F.: *Zaufanie: kapitał społeczny a droga do dobrobytu*, PWN, Warszawa 2000.

[30] Geman S., Bienenstock E., Doursat R.: *Neural networks and the bias – variance dilemma*, Neural Computation 1992.

[31] Glaeser, E. W.: *The Formation of Social Capital*, OECD Conference Papers, 2001, www.oecd.org.

[32] Golden R.M.: *Mathematical Methods for Neural Network Analysis and Desing*, Cambridge, MA, MIT Press 1996.

[33] Gołębiowski T., Dąbrowski M., Mierzejewska B.: *Uczelnia oparta na wiedzy Organizacja procesu dydaktycznego oraz zarządzanie wiedzą w ekonomicznym szkolnictwie wyższym*, materiały z ogólnopolskiej konferencji zorganizowanej 23 czerwca 2005 roku w Akademii Ekonomicznej we Wrocławiu

[34] Grabowska G.: *Metody wartościowania kapitału społecznego na poziomie przedsiębiorstwa*, Working Paper WP – 4 – 2007, Instytut Badań Systemowych PAN, Warszawa 2007.

[35] Graniewska D.: *Kapitał ludzki jako cel strategiczny polityki społecznej*, Opracowania PBZ, Instytut Pracy i Spraw Socjalnych, Warszawa 1999.

[36] Grodzicki J.: *Edukacja czynnikiem rozwoju gospodarczego*, Wydawnictwo Adam Marszałek, Toruń 2000.

[37] Hand D., Mannila H., Smith P.: *Eksploracja danych*, wyd. Naukowo–Techniczne, Warszawa 2005

[38] Hornowska E.: Testy psychologiczne. Teoria i praktyka, Wydawnictwo Naukowe SCHOLAR, Warszawa 2003.

[39] Ingenkamp K.: *Paedagogische Diagnosti,*. Weinheim 1975, Beltz.

[40] Ivens K., Carlberg C.: *Excel 2002 PL. Księga eksperta*, Helion 2002.

[41] Jajuga K.: *Statystyczna analiza wielowymiarowa*, Warszawa 1993.

[42] Janowski A.: *Poznawanie uczniów. Zdobywanie informacji w pracy wychowawczej*, WSiP, Warszawa 1985.

[43] Kacprzyk J., Nahorski Z., Wagner D.: *Zastosowania badań systemowych w nauce, technice i ekonomii*, wyd EXIT 2005

[44] Konarzewski K.: *Jak uprawiać badania oświatowe. Metodologia praktyczna*. WSiP, Warszawa 2000.

[45] Korbicz J., Obuchowicz A., Uciński D.: *Sztuczne sieci neuronowe. Podstawy i zastosowania,* Akademicka Oficyna Wydawnicza PLJ, Warszawa 1994.

[46] Koronacki J., Ćwik J.: *Statystyczne systemy uczące się*, Wydawnictwa Naukowo-Techniczne, Warszawa 2005.

[47] Kukliński A.: *Gospodarka oparta na wiedzy. Wyzwanie dla Polski XXI wieku*, Wydawnictwo Komitetu Badań Naukowych, Warszawa 2001.

[48] Larose D. T.: *Data Mining Methods and Models*, Wiley-Interscience, Hoboken, NJ 2006.

[49] Larose D. T.: *Odkrywanie wiedzy z danych. Wprowadzenie do eksploracji danych*, wyd. PWN Warszawa 2006.

[50] Li P.P. (2007): *Social tie, social capital, and, social behavior: Toward an integrative model of informal exchange*, "Asia Pacific J. Management", 24.

[51] Lipska M.: *Projektowanie programu placówki oświatowej*; materiały ze szkolenia kursu KK2, Łomża 2008.

[52] Lisiecka Z. (redaktor cyklu*):Teoria i praktyka egzaminowania, Analiza i interpretacja wyników oceniania i egzaminowania,* Wydział Badań i Ewaluacji CKE, Wyd. II, Warszawa, listopad 2007.

[53] Lisiecka Z.: *Egzamin*, Biuletyn Badawczy 1/2004, Słowniczek badacza edukacyjnego, CKE, Warszawa 2004.

[54] Luszniewicz A., Słaby T.: *Statystyka. Teoria i zastosowanie.* C.H. Beck, Warszawa 2003.

[55] Marshall A.: *Zasady ekonomiki*, t. II, Warszawa 1928.

[56] Masters T.: *Sieci neuronowe w praktyce. Programowanie w języku C++*, Warszawa 1996.

[57] Menzel M.P.: *Dynamic Proximities. Towards a Concept of Changing Relations*, presented at 5th Proximity Congress, Bordeaux, 2006.

[58] Mielniczuk J., Koronacki J.: *Statystyka dla studentów kierunków technicznych i przyrodniczych*, Wydawnictwa Naukowo-Techniczne, Warszawa 2001.

[59] Ministerstwo Rozwoju Regionalnego, Program Operacyjny Kapitał Ludzki, Narodowe Strategiczne Ramy Odniesienia 2007 – 2013, dokument przyjęty przez Radę Ministrów, Warszawa, 29.11.2006 r.

[60] Morrisom D.F.: *Wielowymiarowa analiza statystyczna*, Warszawa 1990.

[61] Mrozek B., Mrozek Z.: *Matlab i Simulink. Poradnik użytkownika,* wydanie II, wyd. HELION 04/2004.

[62] Niemierko B.: *Testy osiągnięć szkolnych. Podstawowe pojęcia i techniki obliczeniowe*, WSiP, Warszawa 1975.

[63] Niemierko B. (red.): *Diagnostyka edukacyjna*, Wyd. UG, Gdańsk 1994.

[64] Niemierko B.: *Pomiar wyników kształcenia,* WSiP, Warszawa 1999.

[65] Niemierko B., Szmigel M.K. (red.): *Teoria i praktyka oceniania zewnętrznego.* PANDIT, Kraków 2001.

[66] Niemierko B.: *Ocenianie szkolne bez tajemnic*, Warszawa 2002.

[67] Niemierko B.: *Diagnostyka edukacyjna, Teoria i praktyka*. Z okazji dziesiątej konferencji, Kraków 2004.

[68] Niemierko B.: *Wartość dodana osiągnięć uczniów, szkół i regionów*. Studium wstępne do wykorzystania w CKE, Biuletyny Badawcze Nr3/2005 oraz Nr 8/2006

[69] Nowiński M.: *Prognozowanie przy użyciu sieci neuronowych*, w T. Trzaskalik (red.), Metody i zastosowania badań operacyjnych, część I, Katowice 1998.

[70] Oldroyd D.: *Szkoła jako organizacja ucząca się*. „Nowe w Szkole" („Kierowanie Szkołą") nr 2/97-98.

[71] Ostanin A.: *Informatyka z Matlabem*, Wyd. Politechnika Białostocka 2007.

[72] Pawłowski Z.: *Zasady predykacji ekonometrycznej*, Warszawa 1982.

[73] Petty W.: *Traktat o podatkach i daninach oraz Anatomia polityczna Irlandii*, w : *Merkantylizm i początek szkoły klasycznej*. Wybór pism ekonomicznych XVI i XVII w., PWN, Kraków 1958.

[74] Pietrasiński Z.: *Myślenie twórcze*, Warszawa 1969.

[75] Pietrasiński Z.: *Twórcze kierownictwo*, Warszawa 1975.

[76] Potulicka E.: *Ewaluacja dla rozwoju szkoły*, [w:] *Szkoła w nauce i praktyce edukacyjnej*, T. 1 pod red. B. Muchackiej, Kraków 2006.

[77] Potulicka E.: *Kadra w szkole jako organizacji uczącej się*, „Nowa Szkoła" 2006 nr 8.

[78] Putnam R.D.: *Demokracja w działaniu. Tradycje obywatelskie we współczesnych Włoszech*. Kraków, Warszawa 1995,

[79] Rallet A, Torre A.: *In Geographical Proximity Necessary in the Innovation Networks in the Era of Global Economy?*, GeoJournal, 49,1999.

[80] Riplay B.D.: *Pattern Recognition and Neural Networks*. Cambridge, Wielka Brytania, Cambridge University Press 1996.

[81] Rozporządzenie Ministra Edukacji Narodowej i Sportu z dnia 26 lutego 2002r. w sprawie podstawy programowej wychowania przedszkolnego oraz kształcenia ogólnego dla: szkół podstawowych i gimnazjów, liceów ogólnokształcących, liceów profilowanych i techników, zasadniczych szkół zawodowych, szkół ponadpodstawowych (Dz.U. Nr 51 z 2002r., z póź. zm.).

[82] Rozporządzenie Ministra Edukacji Narodowej i Sportu z dnia 26 lutego 2002r. w sprawie podstawy programowej wychowania przedszkolnego oraz

kształcenia ogólnego (...) dla: szkół podstawowych i gimnazjów, liceów ogólnokształcących, liceów profilowanych i techników, zasadniczych szkół zawodowych, szkół ponadpodstawowych (Dz.U. Nr 51 z 2002r., z póź. zm.).

[83] Rozporządzenie Ministra Edukacji Narodowej i Sportu z dnia 5 lutego 2004 r. w sprawie dopuszczania do użytku szkolnego programów wychowania przedszkolnego, programów nauczania i podręczników oraz cofania dopuszczenia (Dz.U. Nr 25, poz.220 z 2004r.).

[84] Rozporządzenie Ministra Edukacji Narodowej z dnia 10 sierpnia 2001 r. w sprawie standardów wymagań będących podstawą przeprowadzania sprawdzianów i egzaminów (DZ.U. Nr 92 z 2001r., z póź. zm.).

[85] Rozporządzenie Ministra Edukacji Narodowej z dnia 15 grudnia 2006 r. w sprawie szczegółowych zasad sprawowania nadzoru pedagogicznego, kwalifikacji osób, którym można zlecać prowadzenie badań i opracowywanie ekspertyz (Dz.U. Nr 235 z 2006r., poz. 1703).

[86] Rozporządzenie Ministra Edukacji Narodowej z dnia 30 kwietnia 2007r. oraz późniejsze zmiany w sprawie warunków i sposobu oceniania, klasyfikowania i promowania uczniów i słuchaczy oraz przeprowadzania sprawdzianów i egzaminów w szkołach publicznych (Dz.U. Nr 83, poz.562 z 2007r., z póź. zm.).

[87] Rubacha K.: *Metodologia badań nad edukacją. Pedagogika wobec współczesności*, Wydawnictwa Akademickie i Profesjonalne, Warszawa 2008.

[88] Rutkowska D., Piliński M., Rutkowski L.: *Sieci neuronowe, algorytmy genetyczne i systemy rozmyte*, Wydawnictwo Naukowe PWN, Warszawa 1999.

[89] Say J.B.: *Traktat o ekonomii politycznej*, PWN, Warszawa 1960.

[90] Schultz T. W.: *Investment in Human Capital*, The Free Press, New York 1976.

[91] Smith A.: *Badania nad naturą i przyczynami bogactw narodów*, tom I, PWN, Warszawa 1954.

[92] Stożek E.: *Refleksyjny praktyk wobec edukacyjnej wartości dodanej*, XIV KDE 2008

[93] Szalaniec H.: *Refleksje na temat rozwoju sytemu egzaminacyjnego*, XIII KDE 2007,

[94] Szmigel K.: *Wykorzystanie edukacyjnej wartości dodanej w lokalnej polityce oświatowej*, OKE w Krakowie 2008.

[95] Szmigel M.K., Rappe A.: *Komunikowanie wartości dodanej osiągnięć szkolnych uczniom, nauczycielom i dyrektorom szkół*, XII Krajowa Konferencja Diagnostyki Edukacyjnej, www.oke.krakow.pl.

[96] Szmigel M.K., Rappe A.: *Przydatność uproszczonej (staninowej) metody szacowania wartości dodanej osiągnięć uczniów, szkół i jednostek administracyjnych oświaty*, XII Krajowa Konferencja Diagnostyki Edukacyjnej, www.oke.krakow.pl.

[97] Tadeusiewicz R.: *Elementarne wprowadzenie do techniki sieci neuronowych z przykładowymi programami*, Akademicka Oficyna Wydawnicza, Warszawa 1998.

[98] Tadeusiewicz R.: *Sieci neuronowe*, Akademicka Oficyna Wydawnicza, Warszawa,1993.

[99] Temple J.: *Growth Effects of Education and Social Capital in OECD countries*, OECD Conference Papers, 2001, www.oecd.org.

[100] Torre A., Gilly J.P.: *On the Analytical Dimension of Proximity Dynamics*, Regional Studies, 34, 2000.

[101] Torre A., Rallet A.: *Proximity and Location*, Regional Studies, 39, 2005.

[102] Torre A.: *Clusters and Temporary Geographical Proximity*, presented at ERSA Conference in Volos, Greece 2006.

[103] Ustawa o Systemie Oświaty z dn. 7 września 1991 r. tekst jednolity (Dz. U. z 2004 r. Nr 256, poz. 2572, z późniejszymi zmianami).

[104] Wachowicz P.: *Pomiar kapitału intelektualnego przedsiębiorstwa*, Oficyna Wydawnicza SGH, Warszawa 2005.

[105] Walukiewicz S.: *Trzy modele do analizy kapitału społecznego*, Badania operacyjne i systemowe 2006. Wiedza systemowa dla rozwoju regionów i przedsiębiorstw w Polsce, pod red. J. Stachowicza, A. Straszaka, S. Walukiewicza, Exit, Warszawa 2006.

[106] Walukiewicz S.: *Systems Analysis of Social Capital At the firm Level*, Working Paper WP – 1 – 2006, System Research Institute, Warsaw.

[107] Walukiewicz S.: *Four Form of Capita and Proximity*, Working Paper WP – 3 – 2007, System Research Institute, Warsaw 2006.

[108] Walukiewicz S., Wiktorzak A.A.: *Systems Approach in Social Sciences*, Proceedings of the Central European Conference in Regional Science, Novy Smokovec, Slovakia, October 2007.

[109] Walukiewicz S., Wiktorzak A.A.: The Virtual Production Line as a New Model in Research on Education, referat wygłoszony na TSCF Conference, Malta 2008

[110] Walukiewicz S.: *Piękno liczby cztery (w naukach społecznych)*, WP-2-2008 IBS PAN, Warszawa.

[111] Walukiewicz S.: *The Dimensionality of Capital and Proximity*, Working Paper WP – 3 – 2008, System Research Institute, Warsaw.

[112] Wiktorzak A.A.: *Systemy informatyczne w zarządzaniu oświatą*, Analiza systemowa w finansach i zarządzaniu T.8 pod red. Hołubca J., Warszawa 2006.

[113] Wiktorzak A.A.: *Kapitał ludzki i społeczny szkoły,* referat na sympozjum KSW'2007, Ciechocinek 17-18 września 2007r.

[114] Wiktorzak A.A.: *Rola kapitału społecznego w funkcjonowaniu nowoczesnej szkoły,* Miesięcznik Dyrektor Szkoły, Wolters Kluwer, Warszawa 2007.

[115] Wiktorzak A.A.: *Zarządzanie zmianą a jakość placówki oświatowej*, Analiza systemowa w finansach i zarządzaniu T.9 pod red. Hołubca J., Warszawa 2007.

[116] Wiktorzak A.A.: *Budowa kapitału ludzkiego i społecznego na przykładzie szkoły ponadgimnazjalnej*, Uczenie się i egzamin w oczach nauczyciela, XIV KKDE, Opole 2008.

[117] Wiktorzak A.A.: *Model pomiaru kapitału ludzkiego absolwenta szkoły ponadgimnazjalnej w świetle nowych wyzwań*, Biuletyn Badawczy Centralnej Komisji Egzaminacyjnej „Egzamin" 2008.

[118] Wiktorzak A.A.: *Szacowanie kapitału ludzkiego absolwenta szkoły średniej*, Seminarium w IBS PAN, Warszawa, kwiecień 2008r.

[119] Wiktorzak A.A.: *Znaczenie kapitału społecznego w rozwoju szkoły*, Analiza systemowa w finansach i zarządzaniu T.10 pod red. Hołubca J., Warszawa 2008.

[120] Wiktorzak A.: *Zastosowanie algorytmów genetycznych w diagnostyce edukacyjnej,* Working Paper, IBS PAN, Warszawa listopad 2011.

[121] Wiktorzak A.: *Struktura rynku edukacyjnego*, XVIII Konferencja Diagnostyki Edukacyjnej, Regionalne i lokalne diagnozy edukacyjne. PTDE, p.277-287(2012).

[122] Wiktorzak A.: Metody pomiaru osiągnięć na kolejnych szczeblach edukacji, Studia Ekonomiczne. Zeszyty Naukowe Uniwersytetu Ekonomicznego w Katowicach No.97, p.475-491(2012).

[123] Walukiewicz S., Wiktorzak A.: *Measuring Human Capital In Education,* Operations Research and Decisions, No.3, 57-69 (2013).

[124] Wiktorzak A., Sawicki A., Malenko N. [2014]: Application of Genetic Algorithms in Logistics. LOGISTYKA Rok 2014/Numer 4 (lipiec - sierpień)/Artykuły na płycie CD 5, str. 4126-4133.

[125] Sawicki A. Wiktorzak A., Malenko N. [2014]: *Determination of the optimum locations of distribution centres based on vector quantization.* LOGISTYKA Rok 2014/Numer 6 (listopad - grudzień)/Artykuły na płycie CD 6, str. 13723 – 13727.

[126] Wiktorzak A., Busłowska E. [2014]: Teorie nauczania a projektowanie rozwiązań eLearningowych. LOGISTYKA Rok 2014/Numer 6 (listopad - grudzień)/Artykuły na płycie DVD 3, str. 11079- 11087.

[127] Busłowska E., Wiktorzak A. [2014]: *Przetwarzanie i analizowanie dużych ilości danych.* LOGISTYKA Rok 2014/Numer 6 (listopad - grudzień)/Artykuły na płycie DVD 3, str. 2490 – 2496.

[128] Kotowski R., Wiktorzak A. [2014]: EDUCATION IN POLAND AFTER 25 YEARS, IATED Digital Library, ICERI2014 Proceedings, Pages: 1756-1763.

[129] Wiktorzak A., Kotowski R. [2014]: *Modelowanie i predykacja w edukacji.* Symulacja w Badaniach i Rozwoju, Kwartalnik PTSK, Vol. 5 No. 4/2014.

[130] Witkowska D.: *Modele regresji liniowe symulowane przez sztuczne sieci neuronowe*, Studia – Prawno – Ekonomiczne, t. LVII, 1998.

[131] Witkowska D.: *Sztuczne sieci neuronowe i metody statystyczne*, Wybrane zagadnienia finansowe, C-H-Beck, Warszawa 2002.

[132] Witkowska D.: Wykorzystanie modeli regresji i sztucznych sieci neuronowych do analizy związków między największymi giełdami światowymi, Łódź 1997.

[133] Woroniecki J.: *Nowa gospodarka: miraż czy rzeczywistość? Doktryna, praktyka, optyka OECD* w: *Gospodarka oparta na wiedzy. Wyzwanie dla Polski XXI wieku*, Wydawnictwo Komitetu Badań Naukowych, Warszawa 2001.

[134] *Zarządzanie wiedzą w społeczeństwie uczącym się*, OECD, wyd. polskie: Ministerstwo Gospodarki – Departament Strategii Gospodarczej, 2000.

[135] Żurada J.M., Barski M., Jędruch W.: *Sztuczne sieci neuronowe*. Podstawy teorii i zastosowania, Wydawnictwo Naukowe PWN, Warszawa 1996.

Indeks